改訂版

# 秘書・オフィス実務

## テキストワークブック

武田秀子
岡田小夜子

## Office Procedures

Business Manners
Telephone Usage
Work Scheduling
Travel Arrangements
Records Management
Mailing Documents
Business Writing
Meeting Arrangements
Other Daily Routine

早稲田教育出版

# はじめに

　ＩＣＴ（Information and Communication Technology情報通信技術）が進み、オフィス事務が日々変革する中で、より求められるのが「人間的な状況対応力」です。よりソフトで状況に適応した対応力がこれからのオフィス事務では、もっとも必要とされます。

　人間的な状況対応力は、基礎的な業務の知識・技術をベースとして、その上に判断力、情報収集力、人間関係を円滑に運ぶ能力などを身に付けることにより発揮されます。

　このような能力は一朝一夕で会得できるものではありません。精錬された技術の習得にはどんな場合でも基本が大切なように、オフィスにおいても基本業務をまずマスターしてはじめて応用段階へのステップを上がることができるのです。

　オフィスの基本業務は一見簡単なようですが、それを見てすぐに実践することは容易ではありません。実地体験を何回も繰り返すことによって体得できるのです。本書は、さまざまな演習を重ねることによって基本を身に付け、それを応用へとレベルアップできるように作られています。

　本書をお使いの皆さまが、ソフトな状況対応力を備えたより高いオフィス実務遂行力を身に付けられることを願っております。

武田　秀子
岡田　小夜子

## 第1章　言葉遣い

| Lesson 1 | 口の体操をしましょう | 6 |
|---|---|---|
| Lesson 2 | グループディスカッションしましょう | 6 |
| Lesson 3 | 言葉遣いの意義 | 7 |
| Lesson 4 | 敬語の種類 | 7 |
| Lesson 5 | 敬語の作り方 | 7 |
| Exercise 1 | 正しい敬語にしましょう［尊敬語と謙譲語］ | 8 |
| Exercise 2 | 暗記しましょう［特定の尊敬語・謙譲語］ | 9 |
| Lesson 6 | 謙譲語ⅠとⅡの違い | 9 |
| Exercise 3 | 正しい敬語にしましょう［特定の尊敬語・謙譲語］ | 10 |
| Exercise 4 | 暗記しましょう　日常の応対用語 | 11 |
| Lesson 7 | ビジネスにおける敬語の使い分け | 13 |
| Exercise 5 | 正しい敬語にしましょう［ウチとソトの使い分け］ | 13 |
| Lesson 8 | 注意しなければならない二重敬語 | 14 |
| Exercise 6 | 正しい敬語にしましょう［間違えやすい二重敬語］ | 14 |
| Exercise 7 | 言葉遣いのロールプレイング | 15 |
| Exercise 8 | ケース別　上司やお客様との会話　何と言いますか | 16 |

## 第2章　ビジネスマナー

| Lesson 1 | 考えてみましょう | 22 |
|---|---|---|
| | ■ビジネスマナーを学ぶ意義 | 22 |
| Lesson 2 | おじぎの仕方 | 22 |
| Exercise 1 | ロールプレイング　おじぎの仕方 | 22 |
| Lesson 3 | 来客応対の流れ1） | 23 |
| Exercise 2 | ロールプレイング　アポイントメントがあるケース | 23 |
| Lesson 4 | 来客応対の流れ2） | 24 |
| Lesson 5 | 応接室の席順 | 26 |
| Exercise 3 | 受付応対ロールプレイング | 26 |
| | ①約束のあるお客様を上司に取次ぎ、案内するケース | 26 |
| | ②アポイントメントがないケース | 27 |
| | ③名指し人不在で代わりに伝言を受けるケース | 27 |
| Exercise 4 | ロールプレイング　お茶の出し方 | 28 |
| Lesson 6 | 受付応対の特別なケース | 28 |
| Exercise 5 | グループディスカッションしましょう | 28 |
| Exercise 6 | グループワーク | 29 |
| Lesson 7 | 名刺交換の仕方 | 30 |
| Exercise 7 | 名刺交換のロールプレイング | 30 |
| Lesson 8 | 紹介の仕方 | 31 |
| Lesson 9 | 訪問のマナー | 31 |

## 第3章　電話応対

| Lesson 1 | グループディスカッションしましょう | 34 |
|---|---|---|
| | ■電話応対の意義 | 34 |
| Lesson 2 | ビジネス電話の特色とその対応 | 34 |
| Lesson 3 | 電話の受け方とかけ方の流れ（例） | 35 |
| Exercise 1 | 電話応対用語を覚えましょう | 35 |
| Lesson 4 | 電話応対 | 39 |
| Exercise 2 | 電話応対のロールプレイングをしてみましょう | 39 |
| Lesson 5 | 電話伝言メモの書き方 | 40 |
| Exercise 3 | 電話応対のロールプレイングをしてみましょう | 41 |
| Lesson 6 | ＦＡＸの送り方 | 43 |
| Lesson 7 | あなたならどうしますか | 44 |
| Exercise 4 | ケーススタディ　電話があったことを伝えなくてもよいと言われたら | 44 |
| Lesson 8 | 国際電話の受け方 | 45 |

## 第4章　指示の受け方と報告の仕方

| | | |
|---|---|---|
| Lesson 1 | 指示の受け方　ケーススタディ | 48 |
| Lesson 2 | 指示と報告の意義 | 48 |
| Lesson 3 | 指示の受け方 | 49 |
| Lesson 4 | 口頭報告の仕方 | 49 |
| Exercise 1 | 指示を受け、報告をするロールプレイングをしてみましょう | 50 |
| Lesson 5 | 口頭報告とメモ・文書報告のケース | 51 |
| Lesson 6 | メモ・文書報告の種類 | 51 |
| Lesson 7 | 文書報告のポイント | 52 |
| Exercise 2 | 報告書を作成する | 53 |

## 第5章　スケジュール管理

| | | |
|---|---|---|
| | ■スケジュール管理の意義 | 56 |
| Lesson 1 | 予定表の種類 | 56 |
| Lesson 2 | 予定表作成の手順と注意点 | 58 |
| Lesson 3 | スケジュール表と業務計画の関係 | 59 |
| Lesson 4 | スケジュール管理における上司と秘書の役割分担について | 60 |
| Exercise 1 | 週間予定表の作成 | 60 |
| Lesson 5 | アポイントメントについて | 62 |
| Exercise 2 | ロールプレイング　アポイントメントをとる・受ける | 63 |
| Exercise 3 | ロールプレイング　アポイントメント承諾の電話をかける・受ける | 64 |
| Exercise 4 | アポイントメントの変更・調整 | 65 |
| Lesson 6 | 多人数のスケジュールを一人で管理する場合 | 66 |
| Exercise 5 | ケーススタディ　面談前の情報提供は必要か？ | 67 |
| Exercise 6 | ケーススタディ　スケジュールにおける優先順位 | 67 |

## 第6章　出張

| | | |
|---|---|---|
| Lesson 1 | グループディスカッションしましょう | 70 |
| | ■出張業務の意義 | 70 |
| Lesson 2 | 出張手配のポイント | 70 |
| Lesson 3 | 旅程表作成のチェックポイント | 71 |
| Exercise 1 | 旅程表の作成 | 72 |
| Exercise 2 | ケーススタディ　上司の指示が内規にふれた場合 | 74 |
| Exercise 3 | 社長の代理で社用車に乗る場合の座る席は？ | 74 |

## 第7章　ファイリング

| | | |
|---|---|---|
| | ■ファイリングを学ぶ意義 | 78 |
| Lesson 1 | ファイリングとは | 78 |
| Lesson 2 | ファイリングの流れ | 78 |
| Lesson 3 | 分類の方法 | 79 |
| Lesson 4 | ファイリングの方法 | 79 |
| Lesson 5 | ファイリング用品 | 80 |
| Lesson 6 | 書類の保管・保存・廃棄 | 81 |
| Exercise 1 | 主題別分類の練習－件名のない手紙を速読して主題別に分類する | 82 |
| Lesson 7 | 名刺のファイリング | 83 |
| Exercise 2 | 名刺に情報を書き込む | 84 |

## 第8章　会議・会合

| | | |
|---|---|---|
| | ■会議・会合を学ぶ意義 | 86 |
| Lesson 1 | 会議・会合 | 86 |
| Lesson 2 | 全社的な会議の種類 | 86 |
| Lesson 3 | 上司が出席者として参加する場合 | 87 |
| Lesson 4 | 上司が主催する会議の場合 | 87 |
| Exercise 1 | 上司が開催する会議のチェックリストを作る | 90 |
| Exercise 2 | 議事録を作る | 91 |

# CONTENTS

Lesson 5　　その他の留意事項　　93
Exercise 3　ケーススタディ　稟議書の回し方　94
Lesson 6　　会議・会合の諸形態　　95

## 第9章　ビジネス文書

　　　　　　■ビジネス文書を学ぶ意義　　98
Lesson 1　　ビジネス文書の意味と特徴　　98
Lesson 2　　ビジネス文書の種類　　98
Lesson 3　　ビジネス文書作成の心得　　99
Lesson 4　　社外文書の書式　　100
Exercise 1　社外文書を作成する　　102
　　　　　　①通知文を作る－電話番号の変更　　102
　　　　　　②案内文を作る－創業5周年記念感謝セールのご案内　　104
Lesson 5　　社内文書の書式　　105
Exercise 2　社内文書を作成する　通知文を作る－会議の通知をする　105
Lesson 6　　社交文書のポイント　　107
Lesson 7　　社交文書（儀礼文書）の書式　　108
Exercise 3　儀礼文書を作成する　　108
　　　　　　①挨拶状を作る－就任の挨拶　　108
　　　　　　②電報文を作る－昇進の祝いの電報　　109
Lesson 8　　ビジネス文書の表現の基本　　110
Exercise 4　例文に適切な数字・言葉を入れる　　110
Exercise 5　数字を縦書きに書く　　111
Lesson 9　　印鑑の種類と知識　　111
Exercise 6　契約書を訂正する　　112
Exercise 7　往復はがきの返信を書く　　113
Lesson 10　　ビジネスメール作成のポイント　　114
Exercise 8　メールを作成する　　114
Lesson 11　　封筒の書き方　　115

## 第10章　受信と発信

　　　　　　■受信・発信を学ぶ意義　　118
Lesson 1　　受信文書の取扱い　　118
Lesson 2　　発信文書の取扱い　　119
Lesson 3　　秘扱い文書のポイント　　121
Exercise 1　グループディスカッション　発送した手紙が届いていない！　122
Exercise 2　ケーススタディ　ケース別の郵送手段　122
　　　　　　①上司から「これは重要な書類だから」と言われて郵送する時　122
　　　　　　②同じ手紙を一度に200通郵送する時　122

## 第11章　慶弔

　　　　　　■慶弔業務・マナーを学ぶ意義　　124
Lesson 1　　慶事の種類　　124
Lesson 2　　慶事の知らせを受けたときの秘書の心得　　125
Lesson 3　　慶弔時の服装　　125
Lesson 4　　弔事の流れ　　126
Lesson 5　　焼香の仕方・線香のあげ方　　127
Lesson 6　　祝儀袋・不祝儀袋のポイント　　128
Lesson 7　　祝儀・不祝儀袋の上書きと水引　　128
Lesson 8　　袱紗（ふくさ）　　129
Lesson 9　　弔事を手伝う時の心得　　130
Exercise 1　グループディスカッション　弔事の受付の手伝いをする場合の心得　130

# 第1章
# 言葉遣い

## 口の体操をしましょう

| ア | エ | イ | ウ | エ | オ | ア | オ |
|---|---|---|---|---|---|---|---|
| カ | ケ | キ | ク | ケ | コ | カ | コ |
| サ | セ | シ | ス | セ | ソ | サ | ソ |
| タ | テ | チ | ツ | テ | ト | タ | ト |
| ナ | ネ | ニ | ヌ | ネ | ノ | ナ | ノ |
| ハ | ヘ | ヒ | フ | ヘ | ホ | ハ | ホ |
| マ | メ | ミ | ム | メ | モ | マ | モ |
| ヤ | エ | イ | ユ | エ | ヨ | ヤ | ヨ |
| ラ | レ | リ | ル | レ | ロ | ラ | ロ |
| ワ | ウェ | ウィ | ウ | ウェ | ウォ | ワ | ウォ |

## グループディスカッションしましょう

**グループディスカッションのテーマ**

　「あなたが今までに体験した良い言葉遣い、悪い言葉遣いを思い出してください。そのときにどのような感じがしたのか具体的に例をあげて話し合いましょう」

--------------------------------------------------------------------

--------------------------------------------------------------------

--------------------------------------------------------------------

## Lesson 3　言葉遣いの意義

　正しい敬語を使えること、ＴＰＯに合った的確な言葉遣いをすることはビジネスの必須条件です。

　敬語とは、それを使う人の心の底に、相手に対する「人間尊重」に基づく温かい敬意があって、その上に表れた言葉です。

　確かに心のこもっていない敬語はどんなに正確なものであっても、人の心を打つことはできません。逆に、どんなに心があるといっても、乱暴な言葉遣いをされると、それを聞く人にとっては、やはり気持ち良く響いてこないものでもあります。

　こうした意味において、正しい敬語が使えること、その場、その場での的確な言葉遣いができることは、企業人として、素晴らしい人間関係を作っていく上での必須条件なのです。

## Lesson 4　敬語の種類

| 敬語の種類 | 意　味 | 例 |
|---|---|---|
| 尊敬語 | 相手を敬う語。相手の動作・状態・事物などを高めて言い表す | いらっしゃる、おっしゃる、お使いになる、お忙しい |
| 謙譲語Ⅰ | 相手を直接敬うために相手を立てて述べる | 伺う、申し上げる、お目にかかる、差し上げる |
| 謙譲語Ⅱ（丁重語） | 自分の行為やものごとを謙虚に伝える | 参る、申す、いたす、おる |
| 丁寧語 | 聞き手に対して丁寧に表現する | です、ます、ございます |
| 美化語 | ものごとを美化して丁寧にのべる | お酒、お料理、お箸、ご祝儀 |

## Lesson 5　敬語の作り方

### (1)　尊敬語の作り方

①「お（ご）〜になる」　　例：お帰りになる、お話しになる
②れる、られる　　　　　例：読まれる、利用される、始められる
③〜なさる　　　　　　　例：利用なさる　　（サ変動詞（〜する）の形の動詞のみ）
④ご〜なさる　　　　　　例：ご利用なさる
⑤お（ご）〜です　　　　例：お読みです、ご利用です、ご存じです
⑥お（ご）〜くださる　　例：お読みください、ご指導くださる
⑦特定の形　　　　　　　いらっしゃる、おっしゃる、など（Exercise2参照）
　ビジネス敬語でもっとも多く使われるのが①の形です。まずこれを覚えましょう。

## (2) 謙譲語の作り方

①お（ご）〜する　　　　　例：ご案内する、お持ちする
②お（ご）〜申し上げる　　例：ご案内申し上げる
③〜ていただく　　　　　　例：読んでいただく、指導していただく
④お（ご）〜いただく　　　例：お読みいただく、ご指導いただく
⑤謙譲語の特定の形　　　　申す、伺う、参るなど（Exercise2参照）
　ビジネス敬語でもっとも多く使われるのが①の形です。まずこれを覚えましょう。

## Exercise 1　　正しい敬語にしましょう［尊敬語と謙譲語］

次の下線の部分を敬語（尊敬語か謙譲語）にしましょう。

(1) 部長は椅子に<u>かけました</u>。

- - - - - - - - - - - - - - - - - - - - - - - - - - - - - - - - - - - - - - - - - - - - - - - -

(2) <u>待たせましたね</u>。応接室に<u>案内します</u>。

- - - - - - - - - - - - - - - - - - - - - - - - - - - - - - - - - - - - - - - - - - - - - - - -

(3) お客様はこの書類に必要事項を<u>書きました</u>。

- - - - - - - - - - - - - - - - - - - - - - - - - - - - - - - - - - - - - - - - - - - - - - - -

(4) 荷物を<u>預かります</u>。

- - - - - - - - - - - - - - - - - - - - - - - - - - - - - - - - - - - - - - - - - - - - - - - -

(5) 当日は筆記用具を<u>持ってきてください</u>。

- - - - - - - - - - - - - - - - - - - - - - - - - - - - - - - - - - - - - - - - - - - - - - - -

(6) こちらから<u>連絡します</u>。

- - - - - - - - - - - - - - - - - - - - - - - - - - - - - - - - - - - - - - - - - - - - - - - -

(7) <u>教えてくれて</u>ありがとうございます。

- - - - - - - - - - - - - - - - - - - - - - - - - - - - - - - - - - - - - - - - - - - - - - - -

(8) 終わったらただちに<u>報告します</u>。

- - - - - - - - - - - - - - - - - - - - - - - - - - - - - - - - - - - - - - - - - - - - - - - -

(9) 明日はお早めに<u>発ってください</u>。

- - - - - - - - - - - - - - - - - - - - - - - - - - - - - - - - - - - - - - - - - - - - - - - -

(10)指示を<u>待っています</u>。

- - - - - - - - - - - - - - - - - - - - - - - - - - - - - - - - - - - - - - - - - - - - - - - -

## Exercise 2 ｜ 暗記しましょう ［特定の尊敬語・謙譲語］

| | 尊敬語 | 謙譲語 |
|---|---|---|
| する | なさる、される | いたす |
| いる | いらっしゃる | おる |
| 言う | おっしゃる | 申し上げる、申す |
| 来る | いらっしゃる、お見えになる、おいでになる、お越しになる | 参る |
| 行く | いらっしゃる | 伺う、参る |
| 知る | ご存じ | 存じ上げる、存じる |
| 食べる | 召し上がる | いただく |
| 見る | ご覧になる | 拝見する |
| 聞く | ［お聞きになる］ | 伺う |
| 見せる | ［お見せになる］ | お目にかける、ご覧に入れる |
| 会う | ［お会いになる］ | お目にかかる |
| 借りる | ［お借りになる］ | 拝借する |
| もらう | | いただく |
| あげる | ［くださる］ | 差し上げる |

## Lesson 6 ｜ 謙譲語ⅠとⅡの違い

> 謙譲語Ⅰ＝「立てる相手」がいる
> 謙譲語Ⅱ（丁重語）＝「立てる相手」がいない

例

謙譲語Ⅰ　○部長のところへ伺います。（部長を立てているから○）
　　　　　×弟のところへ伺います。（弟を立てているので×）
謙譲語Ⅱ　○弟のところへ参ります。（弟を立てていない）
謙譲語Ⅰ　○山田様を存じ上げております。（山田さんを立てているから○）
　　　　　×弟を存じ上げております。（弟を立てているから×）
謙譲語Ⅱ　○弟を存じております。（弟を立てていない）

## Exercise 3  正しい敬語にしましょう [特定の尊敬語・謙譲語]

次の文章の下線部分を正しい敬語にしましょう。

(1) 佐藤様が<u>参られました</u>。

---

(2) そのファイルは部長が本社から<u>拝借された</u>ようです。

---

(3) 明日弟のところに<u>伺います</u>。

---

(4) その件については弟に<u>申し上げました</u>。

---

(5) 森専務に<u>お会いになりたい</u>のですが…。

---

(6) その件を<u>存じ上げて</u>いらっしゃいますか。

---

(7) どうぞ<u>拝見して</u>ください。

---

(8) 何を<u>いたして</u>いるのですか。

---

(9) お客様は第一応接室に<u>おります</u>。

---

(10)ただ今私が<u>おいでになります</u>。

---

## Exercise 4 　暗記しましょう　日常の応対用語

次の言葉は日常よく使われる応対用語です。自然に口から出るように暗記しましょう。

| 好ましくない用語例 | 好ましい用語例 |
|---|---|
| お客様がいます | お客様がいらっしゃいます |
| 私がします | 私がいたします |
| お客様がそっちへいきます | お客様がそちらへいらっしゃいます |
| 私がそっちへいきます | 私がそちらへまいります |
| 山田課長（自社）はすぐに来ます | 山田はただいままいります |
| お客様が見ました | お客様がご覧になりました |
| 私が見ます | 私が拝見いたします |
| お客様が言いました | お客様がおっしゃいました |
| 私が言いました | 私が申しました |
| お客様が食べました | お客様が召し上がりました |
| 私が食べます | 私が頂きます |
| わたし、わたし達 | わたくし　わたくしども |
| うちの会社 | わたくしどもの会社（当社） |
| あなた達 | 皆様 |
| あなたの会社 | そちら様の会社　御社 |
| だれ | どちら様、どなた様 |
| ○○会社の人、男の人、女の人 | ○○会社の方、男の方、女の方 |
| そっちの人、あっちの人 | そちらの方、あちらの方 |

| 好ましくない用語例 | 好ましい用語例 |
|---|---|
| ありません | ございません |
| できません　やれません※ | （申し訳ございませんが）いたしかねます |
| 知りません　分かりません※ | （申し訳ございませんが）存じません |
| （仕事を頼まれたとき）分かりました | かしこまりました　承知いたしました |
| ちょっと待ってください | 少々お待ちください（ませ） |
| 電話ください | お電話をいただけますか？ |
| いま席にいません | （申し訳ございませんが）ただいま席をはずしております |
| こっちへ来てください | こちらへお越しください（ますか） |
| お客様が来ました | お客様がお見えになりました（いらっしゃいました、おいでになりました） |
| もう一回言ってくれますか？ | もう一度おっしゃっていただけますか |
| 何の用ですか？ | ご用件をお聞かせ下さいますでしょうか |
| 用件を聞きます | ご用件を承ります（伺います） |
| どこへ届けますか？ | どちらへお届けいたしましょうか？ |
| これでどうでしょうか | こちらでいかがでしょうか |
| はい　案内します | かしこまりました。ご案内いたします |
| 気に入りましたか？ | お気に召しましたか？ |
| 課長（自社）に言っておきます | 課長に申し伝えます |
| 部長に会いたいのだが… | 部長にお目にかかりたいのですが… |
| あとで連絡します | のちほどご連絡させていただきます |

※否定の言葉の場合は、前に「申し訳ございませんが」をつけて、イントネーションをソフトにする。

## Lesson 7　ビジネスにおける敬語の使い分け

　企業の場合は、社内の人と社外の人を「ウチ」と「ソト」と考える必要があり、自分と相手の言い方は場面に応じて使い分けなければなりません。
①社内で話すとき、目上の人には尊敬語を使う
②他社の人と話すとき、自社の人には謙譲語を使う
③自社のA氏の身内と話すとき、A氏には尊敬語を使う

敬語の使い分け

| 場面 | 話し言葉 | 書き言葉<br>（文書で使う言葉） |
|---|---|---|
| ①自分および自社を指す言葉 | わたくし、わたくしども、わたくしどもの会社、当社 | 当社、弊社 |
| ②自社の上司を指す言葉 | 田中（呼び捨てにする）、部長の田中<br>役職名は敬称なので、「田中部長」というと、ウチ扱いしたことにはならない。「部長の田中」なら「部長」を単なる職階として示しているので、ウチ扱いできる | |
| ③他社の人を指す言葉 | 田中様、田中部長様<br>部長は敬称なので、「様」を付けると二重敬語になるが、習慣的に役職名に「様」を付けることが多い | |
| ④相手の会社を指す言葉 | そちら様、そちら様の会社、○○株式会社様、御社 | 貴社、御社 |

### Exercise 5　正しい敬語にしましょう［ウチとソトの使い分け］

　次の場面に応じた会話の下線部分を正しい敬語にしましょう。
（1）（お客様に対して）吉田はただいま電話中で<u>いらっしゃいます</u>。

---

（2）（課長に対して）部長はたった今外出<u>いたしました</u>。

---

（3）（他社の人に対して）当社の山田は遅れて<u>お越しになります</u>。

---

（4）（岡本課長の奥さまからの電話で）すみません。岡本はただいま席をはずしております。

---

（5）（お客様に対して）うちの会社の山本部長はそのことをご存じでしょうか。

---

注意しなければならない二重敬語

| 「お」＋「なられる」 | お書きになられる、お出掛けになられる、など「お」＋「なる」に「れる、られる」の尊敬の助動詞を重ねると二重敬語になるので注意する。 |

| 「お」「ご」を付ける場合 | 「お」「ご」を付けない場合 |
|---|---|
| (1)習慣で「お」や「ご」が言葉の一部になっている場合<br>　　例：お世話、おかず、ごはん<br><br>(2)目上の人について使う場合<br>　　例：先生のお考え、社長のご方針<br><br>(3)相手の側を表す場合で、「あなたの」が省かれている場合<br>　　例：ご家族、おからだ、お召し物<br><br>(4)自分の動作が相手に関係する場合<br>　　例：お手紙、お願い、ご返事<br><br>(5)言葉を柔らかくする場合<br>　　例：お米、お茶、おはし | (1)外来語、外国語、公共のものには付けない場合が多い<br>　　例：おコーヒー、おケーキ、お学校、<br>　　　　お書類<br><br>(2)自分の持ち物や行動<br>　　例：私のお仕事、私のご本<br><br>(3)形の長い言葉には付きにくい<br>　　例：おてんぷら、おにんじん<br><br>(4)オの音で始まる言葉には付きにくい<br>　　例：お驚きになる、お応接室、お桶 |

**Exercise 6**　　正しい敬語にしましょう［間違えやすい二重敬語］

(1)（課長に対して）部長は明日休暇をおとりになるとおっしゃられました。

--------------------------------------------------

(2)山田様はもうお帰りになられました。

--------------------------------------------------

(3)課長は報告書をお読みになられました。

--------------------------------------------------

# Exercise 7　言葉遣いのロールプレイング

　いろいろな状況のもとで的確に迅速に正しい言葉遣いができるように、双方の言葉遣いを直しましょう。

## 言葉遣いロールプレイング　状況対応力養成

---

### CASE1■廊下でお客様に呼び止められる

お客様「ちょっと、エレベーターどこ？」

社員　「ここをまっすぐに行って左にありますよ」

お客様「ここは広くて分からないんだけど、案内してくれない？」

社員　「いいですよ。こっちですよ」

---

### CASE2■同僚との会話

同僚「あんたの家族は何人？」

本人「おばあちゃんとおとうさん、おかあさん、おねえちゃんとわたしの５人」

同僚「それで、父親は何やってんの？」

本人「おとうさんは自営業で酒屋をやっている。おかあさんもおねえちゃんも手伝ってるけど…」

---

### CASE3■お客様が受付に来られる

お客様「日本会社の神田だけど、山口部長いる？」

社員　「約束はあるんですか？」

お客様「はあ、今日の２時ということで…。」

社員　「はあ、ちょっと待ってください」

---

### CASE4■お客様に問い詰められる

お客様（ブラウスを示しながら）「ちょっとこれさっき、ここで買ったんだけど、汚れてたのよ」

店員　「どこですか？あっほんとだ」

お客様「交換してくれるでしょうね。」

店員　（むっとして）「うん、交換しますよ」

---

CASE5■先輩との会話

後輩「ちょっとコピーのとり方が分からないんだけど…」

先輩「今、手が離せないからちょっと待って」

後輩「でも課長にすぐって言われてるのよ。すぐに教えてくださいよ」

先輩（隣を見て）「山田さん、教えてやって」

CASE6■他社の会議で

自社の課長「最近の情勢で分かっていると思いますけど、うちの会社としてはこれ以上
　　　　　見積りを低くできないんですよ」

他社の課長「そこをなんとかしてくださいよ」

自社の部下「課長が言ったとおりですよ。状況を分かってくださいよ」

他社の課長「では帰ってうちの部長さんとご相談いたします」

## Exercise 8　ケース別　上司やお客様との会話　何と言いますか

次のケースは上司やお客様との会話です。この場合、あなたなら何と言いますか？

CASE1　課長のお席までA社の山田課長をご案内しました。この場合、あなたは課長に何
といいますか。

課長、_____

CASE2　電話中の課長にお客様がお見えになりました。ちょっと待っていただくようにと
のことです。この場合、あなたはお客様に何といいますか。

_____、課長はただいま_____

CASE3　課長が外出先から会社へお帰りになりました。この場合、あなたは課長に何とい
いますか。

課長、_____

CASE4　課長があなたをお呼びになっています。あなたは「すぐ行く」と答えて下さい。

課長、_____

CASE5　あなたは部長から「明日は出席します」という伝言を、課長に伝えるように頼まれました。この場合、あなたは課長に何といいますか。

_____

CASE6　あなたは日本株式会社に電話をしなければなりませんが、電話番号と担当者名が分かりません。先輩に聞いて下さい。何といいますか。

○○さん、_____

CASE7　あなたは山本課長から、先日彼が他社の部長に依頼した用件の返事が来ているかどうか聞かれました。返事はまだです。この場合、あなたは課長に何といいますか。

_____

CASE8　あなたのお母様が病気で、あなたは３日間会社を休んでいました。今日出社した時、課長に「お母さんはいかがですか」と聞かれました。お母様は全快しました。この場合、あなたは課長に何といいますか。

ご心配をおかけいたしました。おかげ様で_____。ありがとうございました。

CASE9　部長が出張から帰られたかどうかを課長から尋ねられました。あなたが部長の秘書だとしたら何といいますか。部長は先程帰社したばかりです。

はい、部長は先程出張から_____

CASE10　あなたは来週の金曜日、休暇を取りたいと思っています。この場合、あなたは課長に何といいますか。

課長、お忙しいところ申し訳ありませんが、来週の金曜日、＿＿＿＿＿＿＿＿＿＿＿＿＿＿＿

CASE11　課外研修会の報告を課長にする場合、あなたは課長に何といいますか。

課長、研修会に＿＿＿＿＿＿＿＿＿＿＿ありがとうございました。おかげ様で大変参考になりました。

CASE12　自分のしたコピーの部数が10部足りないことを課長に指摘された場合、あなたは課長に何といいますか。

＿＿＿＿＿＿＿＿＿＿＿。ただいま10部＿＿＿＿＿＿＿＿＿＿＿＿＿＿＿＿＿＿＿＿＿＿＿。

CASE13　お客様にお茶をお持ちしました。あなたはお客様に何といいますか。

お茶をお持ちしました。どうぞ＿＿＿＿＿＿＿＿＿＿＿＿＿＿＿＿＿＿＿＿＿＿＿＿＿。

CASE14　社外会議で自社の課長の発言の後に続いて説明をするとき、あなたは何といいますか。

ただいま課長が＿＿＿＿＿＿＿＿＿＿＿＿＿＿＿テーマについて説明させていただきます。

CASE15　社内会議で課長の説明に対して自分の意見を言うとき、あなたは課長に何といいますか。

課長が＿＿＿＿＿＿＿＿＿＿＿＿＿＿ことについて私の考えを述べさせていただきます。

CASE16　社内でお客様にあなたの知らない場所を尋ねられました。受付で聞いてもらうようにいう場合、あなたはお客様に何といいますか。

恐れ入りますが、受付で＿＿＿＿＿＿＿＿＿＿＿＿＿。（受付までご案内する方がよい）

CASE17　課長に今朝の新聞を読んだかどうかを尋ねる場合、あなたは課長に何といいますか。

課長、今朝の新聞を＿＿＿＿＿＿＿＿＿＿＿＿＿＿＿＿＿＿＿＿＿＿＿＿＿＿＿＿＿＿＿＿＿。

CASE18　社外の松村課長に自社の木村部長を紹介する場合、あなたは何といいますか。

こちらが＿＿＿＿＿＿＿＿＿＿で、こちらが＿＿＿＿＿＿＿＿＿＿＿＿＿＿＿＿＿＿＿です。

# 第2章
# ビジネスマナー

## Lesson 1 考えてみましょう

　あなたが公共の場でマナーとして実践していることを一つ挙げてみましょう。また、それはなぜ実践しているのか、その理由も考えてみましょう。

-----------------------------------------------------------------

-----------------------------------------------------------------

## ビジネスマナーを学ぶ意義

　来社される方に敬意を表し、的確にかつ丁寧に応対する事によって、相互の業務はスムーズに流れていきます。こうしたことが実行できるように本項を学びます。

## Lesson 2 おじぎの仕方

| 種類 | 説明 | | ポイント |
|------|------|------|----------|
| 会釈 | 会釈 15° | 廊下などでお客様や上司とすれ違う時、ちょっと立ち止り、背筋を伸ばして軽く頭を下げる。 | ・背中をまっすぐにする。 |
| 礼 | 敬礼 30° | お客様を迎える時、上司に礼を言う時など日常よく使うおじぎ。 | ・両手は男性の場合は両脇にまっすぐおろす。女性の場合は前で合わせる。 |
| 最敬礼 | 最敬礼 45°〜 | お客様をお見送りする時、より丁寧な気持を表す時、お詫びする時などに使うおじぎ。 | ・頭を下げた時、いったん止めること。メリハリが大切。 ・目はまっすぐ相手を見る感じで。 |

## Exercise 1　ロールプレイング　おじぎの仕方

　先生の指示に従って、おじぎのロールプレイングをしましょう。

# Lesson 3　来客応対の流れ１）

| 基本的な動作の流れ | ポイント | 適切な言葉 |
|---|---|---|
| あいさつ ↓ | ・おじぎをする<br>・心を込めてにこやかに<br>・お客様を待たせない | 「おはようございます」<br>「いらっしゃいませ」<br>「○○様、いらっしゃいませ」 |
| 名刺を受ける ↓ | ・名刺受け皿、または両手で名刺を受ける<br>・名刺を受け取ったら手は下へおろさない<br>・名刺がなく、口頭の場合はメモをとる<br>・先方が名乗らないときは、ていねいに尋ねる<br>・複数のお客様から同時に名刺を受け取る場合はp.30の「名刺交換の仕方」を参照 | 「頂戴いたします」<br><br>「失礼ですが、どちら様でいらっしゃいますか」 |
| 相手を確認する ↓ | ・名刺の氏名を確かめる<br>・読み方が分からなければていねいに尋ねる<br>・正確に、ていねいに、迅速に<br>・約束のお客様の場合は待っていた気持ちを言葉で表す | 「○○会社の○○様でいらっしゃいますね」<br>「失礼ですが、どのように（何と）お読みすればよろしいのでしょうか」<br>「○○様、お待ちしておりました」<br>「承っております」 |
| （約束のないお客様） | ・約束のないお客様の場合、上司の在否を伝えない。ただし用件は聞かなければならないのでできるだけソフトなトーンで。 | 「ただいま調べてまいりますが、ご用件をお聞かせいただけますでしょうか」 |

## Exercise 2　ロールプレイング　アポイントメントがあるケース

### ①名刺を出されるケース

| 来客 | 受付 |
|---|---|
| （　　　）の（　　　）と申します。吉田常務（様）にお約束をいただいております。 | 確認（名刺を見ながら）（　　　）の（　　　）様でいらっしゃいますね。お待ちしておりました。 |

### ②口頭で名乗られるケース

| 来客 | 受付 |
|---|---|
| （　　　）の（　　　）と申します。吉田常務（様）にお約束をいただいております。 | 確認（お客様の顔を見て）（　　　）の（　　　）様でいらっしゃいますね。お待ちしておりました。 |

### ③名前を言わず、名刺も出さないケース

| 来客 | 受付 |
|---|---|
| 吉田常務様をお願いいたします。<br><br>申し遅れました。（　　　）の（　　　）と申します。 | （名前を訊ねる）失礼ですが、どちら様でいらっしゃいますか。<br><br><br>（　　　）の（　　　）様でいらっしゃいますね。お待ちしておりました。 |

## Lesson 4　来客応対の流れ２）

| 基本的な動作の流れ | ポイント | 適切な言葉 |
|---|---|---|
| 上司への連絡<br><br>↓<br><br>（約束のないお客様） | ・お客様に少々お待ちいただくように言葉をかける。<br>・上司へ連絡する。<br><br>・前もって案内することが決まっていたら、その場所へ案内してから上司へ報告する。<br>・上司にできるだけ用件を伝えることが大切。 | 「恐れ入ります、少々お待ちください（ませ)」<br>「○時のお約束で○○会社の××様がおいでになりました」<br>「○○室へご案内いたしました」<br><br>「お約束はないそうですが、○○社の××様で○○の件でおみえになりました」 |
| 来客への説明<br><br>↓ | ・待たせたら詫びる。<br>・行き先を告げる。 | 「大変お待たせいたしました」<br>「～へご案内いたします。どうぞ」 |
| 応接室・会議室への案内<br><br>↓ | ・お客様の２～３歩先、斜め前を、お客様の歩調に合わせて歩く。<br>・階段を利用するときは、原則としてお客様を先にする。ただし、お客様が女性の場合は自分が先導する。<br>・廊下の曲がり角や階段などでは立ち止まって振り返る心遣いを。<br>・エレベータ（自動）では乗り降りはお客様を先にする。<br>・多人数のときは先に自分が乗り、(開)のボタンを押してお客様を誘導する。<br>・お客様が荷物を持っていたら手助けする。 | 「どうぞ」 |

| | | |
|---|---|---|
| 応接室・会議室への入室 | ・ノックしてドアを開く。 | 「こちらでございます」 |
| | ・ドアが押し戸の場合…ドアを押し開いて自分が入室してからドアを押さえ、お客様に入室していただく。 | 「どうぞお入りください（ませ）」 |
| | ・ドアが引き戸の場合…ドアを引き、ノブを押さえてお客様に先に入室していただいてから自分が入室する。 | 「どうぞお入りください（ませ）」 |
| | ・お客様をお通しした後、椅子をすすめる。 | 「どうぞおかけください（ませ）」 |
| | ・上座をすすめる。 | 「○○はただいままいりますので、こちらでお待ちください（ませ）」 |
| | ・会釈して引き下がる。 | |
| | ・退室の時もドアのそばで軽く会釈して引き下がる。 | 「失礼します」 |
| お茶の接待 | ・お客様を案内したら、なるべく早くお茶を出す。 | 「どうぞ」（小声で）（かならずしも言葉を出さなくても心のなかで言うつもりで） |
| | ・入室のときは必ずノックする。 | |
| | ・主客からすすめる。最後は自社の者に。 | |
| | ・会議では静かに、手早く、じゃまにならないようにお茶を出し、できるだけはやく退室する。 | |
| | ・黙礼して退室する。 | |
| 見送り | ・またどうぞお越しくださいとの心を込めて。 | 「失礼いたしました」 |
| | ・エレベータのときはドアが閉まるまで見送る。 | 「どうぞお気を付けて」 |
| | ・車のときは走り去るまで見送る。 | |
| | ・ドアの開閉や荷物を手伝い、発車に際しては一礼して見送る。 | |
| | ・預かり物と忘れ物に注意する。 | |

# 応接室の席順  会議室の席順は p93 参照。

注）３人掛けのソファの真ん中が上席の①でなく、②の位置を上席とする考え方もあるが、実際には①に座る人に対して②と③の人々が必要に応じて左右から書類を①の人に渡すなど、会談を補佐する関係上、上役が真ん中に座る場合が多い。

| Exercise 3 | 受付応対ロールプレイング ① 約束のあるお客様を上司に取次ぎ、案内するケース |
|---|---|

| 受付 | 来客 | 吉田常務 |
|---|---|---|
| いらっしゃいませ。 | （　　　）の（　　　）と申します。吉田常務（様）はいらっしゃいますか。 | |
| ３時にお約束の（　　　）の（　　　）様でいらっしゃいますね。お待ちしておりました。ただいま吉田にお取次ぎいたしますので少々お待ちください。※ | | |
| （受付の電話で）３時にお約束の（　　　）の（　　　）様がお見えになりました。 | | （電話で）はい、すぐにこちらへご案内してください。 |
| かしこまりました。（来客に向かって）お待たせいたしました。ではお部屋までご案内いたします。どうぞこちらへ。 | どうも。 | |
| （上司の部屋をノック）どうぞ（お入りください）。 | （上司に向かって）お忙しいところ恐れ入ります。（名刺を交換しながら）（　　　）の（　　　）と申します。いつもお世話になっております。 | どうぞお入りください。（立ち上がり、客に向かって）ようこそおいでくださいました。（名刺を交換しながら）（　　　）の吉田です。こちらこそいつもお世話になっております。 |
| （静かに退室する）失礼します。 | | |

※「吉田に（あなた様のことを）お取り次ぎいたします」のニュアンスで、この場合は来客に関する行動の意味で敬語を用いる。

## Exercise 3 　受付応対ロールプレイング ② アポイントメントがないケース

| 受付 | 来客 |
|---|---|
| いらっしゃいませ。 | （名刺を出しながら）（　　）の（　　）と申します。お約束はいただいておりませんが、吉田常務（様）はいらっしゃいますか。 |
| （　　）の（　　）様でいらっしゃいますね。失礼ですが、ご用件をお聞かせいただけますでしょうか。 |  |
|  | 実は来月、東京の本社に戻ることになりまして、転勤のご挨拶に伺ったのです。 |
| さようでございますか。ただいま調べてまいりますので、恐れ入りますが、こちらで少々お待ちくださいますか。 |  |
| 吉田常務は会議中だと分かりました。吉田常務宛のメモを書いてください |||
| （会議中のドアをノックする。静かに常務の席に行き）失礼いたします（と名刺とメモを差し出す）。かしこまりました（会議室を出る）。 | **吉田常務** |
|  | （メモを見て、客に会うという旨をメモに筆記具でチェックする）。 |
| 大変お待たせいたしました。吉田は会議中ですが、お目にかかりたいと申しております。応接室にご案内いたします。こちらへどうぞ。 | ありがとうございます。 |

## Exercise 3 　受付応対ロールプレイング ③ 名指し人不在で代わりに伝言を受けるケース

吉田常務は外出中です。

| 受付 | 来客 |
|---|---|
| いらっしゃいませ。 | （名刺を出しながら）こういうものですが、吉田常務（様）にお目にかかりたいのですが… |
| （名刺を見ながら）（　　）の（　　）様でいらっしゃいますね。申し訳ございませんが、吉田はただいま外出しておりまして、夕方戻る予定になっております。代わりの者ではいかがでしょうか。 |  |
|  | いや、吉田常務でないと… |
| 私、吉田の秘書の（　　）と申しますが、もしお差し支えなければお言付けを承らせていただけますか。 |  |

| | そうですか。では、進行中のプロジェクトの件で至急ご連絡くださるように伝言していただけますか。 |
|---|---|
| かしこまりました。(復唱)進行中のプロジェクトの件で〇〇様に至急ご連絡するようにと申し伝えます。<br><br>せっかくお越しいただきましたのに、申し訳ございませんでした。ごめんください。 | はい、お願いします。それでは失礼します。 |

## Exercise 4　ロールプレイング　お茶の出し方

　先生の説明に従って、お茶出しのポイントを下記に書き、お茶出しのロールプレイングをしてみましょう。

［お茶出しのポイント］

------------------------------------------------

------------------------------------------------

------------------------------------------------

------------------------------------------------

------------------------------------------------

------------------------------------------------

## Lesson 6　受付応対の特別なケース

## Exercise 5　グループディスカッションしましょう

　次のケースの時、どんな応対をしますか？応対の仕方とそれに適した言葉遣いをグループで討議してみましょう。

①CASE1　上司は在席していますが、上司が会う必要なしと判断された来客を断る時。

| 応対のポイント | 適した言葉遣いの例 |
|---|---|
| | |

②CASE2　お客様が約束の時間を間違えて訪問してきた時

| 応対のポイント | 適した言葉遣いの例 |
|---|---|
|  |  |

## Exercise 6　グループワーク

①CASE1　約束のない客を断る場合

　上司の松本部長のところへ日本株式会社の田中一郎さんとおっしゃる方が、突然に見えました。初めてお目にかかる方です。用件を伺っても上司に会ってから話すとおっしゃっています。上司に取り次いだところ、「君が用件を聞いてとりあえず今日はお引き取り願うように」とのことです。あなたはどのように応対しますか？あなたの言葉をグループで考えて、ロールプレイングしましょう。

②CASE2　売り込みの客を断る場合

　あるオフィス機器の売り込みで営業の方が突然見えました。上司に取り次いだところ、その機器はすでに採用を決定して別の会社と契約したばかりなので、お断りするようにと言われました。あなたはどのように応対しますか？あなたの言葉をグループで考えてロールプレイングしましょう。

③CASE3　お客様が約束の時間を間違えて2時間遅れた場合

　株式会社アジア企画の営業部長の鈴木昇さんが、14時のお約束の時間に現れず、上司は15時15分まで待っていましたが、当初の予定どおり15時20分に外出しました。鈴木さんは16時きっかりにいらっしゃいました。お約束は4時と思っていたとおっしゃっています。あなたはどのように応対しますか？あなたの言葉をグループで考えてロールプレイングしましょう。

# Lesson 7 名刺交換の仕方

　名刺はその人の所属する会社や役職、氏名を表すもので、いわばその人の「顔」です。いただいた名刺は折ったり曲げたり、手でもてあそんだりしないで、大切に扱います。

| 名刺の差し出し方 | ・名刺は名刺入れから出す（名刺入れにはいつも名刺を補充しておくこと）。<br>・社名と氏名を名乗りながら、名前を読めるように相手に向けて両手で差し出す。 |
|---|---|
| 名刺交換の仕方 | ・自己紹介をしながら下位の者から出す。<br>・必ず立って行う。<br>・右手で自分の名刺を差し出し、左手で相手の名刺を受取り、名刺を交換したら、すぐに相手の名刺を両手で持つ。<br>・いただいた名刺は名前を覚えるために、しばらく机の上などに置き、適当なときに名刺入れにしまう。<br>・先方の面前で名刺に覚え書きを書き込むのは失礼。書きたい時は先方が帰ってから。 |
| 複数の人との名刺交換の仕方 | ・同じ会社の場合、基本的には上位の人から先に名刺を交換する（自分が自社の人と一緒に名刺交換する場合は上位の人が名刺を出すまで待つ）。<br>・いただいた名刺は、そのつど名刺入れにしまってもよいし、しまわずに名刺入れの上に重ねてもよい。<br>・名刺は１枚ずつ丁寧に目を通し、相手への敬意を表すこと（名刺を見もしないで名刺入れにしまうようなことはしない）。<br>・会議が始まったら頂いた名刺を自分の前に並べて名前を覚えながら、会議を進めてもよい。<br>・受付で同時に多数の名刺を受ける場合は、両手で受け取り、左手を名刺受け代わりにして、いただいた名刺を重ねていく。 |

## Exercise 7　名刺交換ロールプレイング

　企業訪問や社外のミーティングなどで複数の人と名刺交換する機会は多いものです。先生の指示に従って名刺交換のロールプレイングをしてみましょう。

-------------------------------------------------------------------

-------------------------------------------------------------------

-------------------------------------------------------------------

## Lesson 8 　紹介の仕方

| 紹介の基本ルール | ・下の者（職位の低い者、年少者、自社の人など）を先に紹介する。<br>・一人と大勢なら一人の方を先に紹介する。 |
|---|---|
| 紹介する側の心得 | ・紹介は立ち上がってする。<br>・自社の者を他社の人に紹介するときは、名前の呼び方に気を付ける。<br>　例：×「佐々木部長」〇「部長の佐々木」<br>・名前だけでなく、所属や役職、経歴なども披露すると紹介される方の理解が深まる。 |
| 紹介される側の心得 | ・紹介されたら、会社名・氏名を繰り返し、自己紹介する。<br>・あいさつは「いつもお世話になっております」「いつも〇〇様のお話は伺っています」等。 |

## Lesson 9 　訪問のマナー

| 訪問前は必ずアポイントをとる | ・電話かメールで、訪問日時、用件、所要時間、訪問者の氏名と人数を告げて了解を得ておくこと。<br>・相手が忙しい人であればあるほど、できるだけ早い時期（1か月前くらい）にアポイントメントをとる。1週間前では遅い方。<br>・先方の時間をいただくことになるので、電話で申し込む場合は、礼儀正しい話し方を心掛ける。 |
|---|---|
| 訪問の準備 | ・持参するもの、面談の進め方などを準備する。<br>・当日は遅くても約束の10分前には到着するようにする。どうしても遅れそうな時は定刻前に電話連絡をしてお詫びすること。 |
| 先方の受付でのマナー | ・状況にもよるが、基本的にはコートは脱いでから受付へ。<br>・会社名と名前、相手先の担当者の名前と用件を告げ、受付の指示に従う。<br>・上司と一緒の時は、目下の人が受付に申し出る。 |
| 応接室のマナー | ・「おかけください」と言われるまで着席しない。<br>・上座を勧められるまで入口に近い椅子で待つ。自分から上座に座らないようにする。<br>・面談の相手が来るまではお茶を出されても手をつけない。<br>・面談の相手が入室したら、すぐに立ち上がり、名刺交換してから着席する。<br>・用件は約束の時間内に済ますようにする。 |
| 退室のマナー | ・用件が済んだら、面談の時間をとってもらったことへの礼を述べ退室する。<br>・忘れ物に注意し、テーブルの上にごみが落ちていないことを確認する。<br>・基本的にはコートは会社を出るまでは着ない。 |

| 帰社したら | ・訪問の結果をすぐに上司に報告する。 |
| --- | --- |
| | ・面談してくれた相手にメールで礼を述べたり、電話であらためてお礼を言う。 |
| | ・謝意を丁重に表したいときは手紙（礼状）を書く。手紙の場合は目上宛なら封書で。葉書は失礼。 |
| | ・礼状やお礼の言葉は早めに。 |

# 第 3 章
# 電話応対

グループディスカッションしましょう

グループディスカッションのテーマ
「あなたが今までに体験した感じの良かった電話、感じの悪かった電話を思い出してください。どんな点が良かったのか、あるいは悪かったのか具体的に例をあげてみましょう」

## 電話応対の意義

　現代社会では電話応対がビジネスと直結しています。電話応対の良否が会社のイメージを作り上げ、ビジネスを成功させる鍵となります。その意味でビジネス電話の応対の仕方をきちんとマスターしておく必要があります。

## Lesson 2　ビジネス電話の特色とその対応

| ポイント | 理由または留意点 |
|---|---|
| (1)声だけのコミュニケーションである。 | ①言葉ははっきりと、ゆっくりと。<br>②適度な音量で。<br>③丁寧に、明るく。<br>④あいさつを忘れずに。 |
| (2)相手の表情、態度、周囲の状況が分かりにくい。 | ①話が長くなるとき、相手の都合を必ず聞くこと。<br>②例えば「少々（少し）お時間をいただいてよろしいでしょうか」など。<br>③伝えるべき用件が三つあるとき、「お伝えすることが三つございます。一つは…」と話し出していけば、相手の心の中に三つの用件を聞く準備ができてくる。 |
| (3)瞬時の応対である。 | ①無駄な表現は省いて、話は簡潔に。<br>②必要な資料やメモは手元に揃えておく。<br>③調べるのに時間を費やしそうなとき、相手を待たせそうなときは、いったん切ってから改めてかけ直す。 |
| (4)証拠が残りにくい、正確に伝達できたかどうか分かりにくい。 | ①必ず相手の用件の確認や復唱をする。<br>②相手の氏名、所属部署を確認する。<br>③メモは必ずとる。<br>④自分を名乗る（とくに伝言を依頼されたとき）。<br>⑤証拠が残りにくいので、必要に応じてメールやＦＡＸを送（受）信する。 |
| (5)何の予約もなく飛び込んでくる。 | ①かけたときは相手の都合を聞く。<br>例「今お話ししてよろしいでしょうか」など。<br>②イライラしても声に表さないようにする。 |

# Lesson 3　電話の受け方とかけ方の流れ（例）

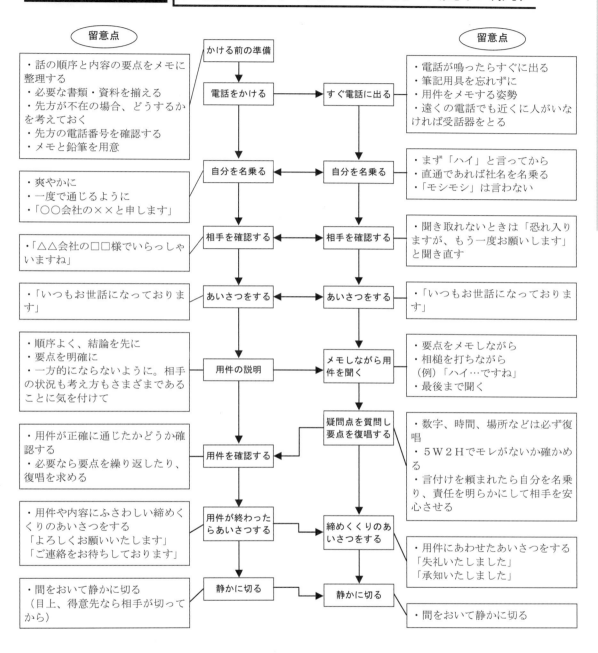

留意点

・話の順序と内容の要点をメモに整理する
・必要な書類・資料を揃える
・先方が不在の場合、どうするかを考えておく
・先方の電話番号を確認する
・メモと鉛筆を用意

かける前の準備

電話をかける

→ すぐ電話に出る

留意点

・電話が鳴ったらすぐに出る
・筆記用具を忘れずに
・用件をメモする姿勢
・遠くの電話でも近くに人がいなければ受話器をとる

自分を名乗る ← → 自分を名乗る

・爽やかに
・一度で通じるように
・「○○会社の××と申します」

・まず「ハイ」と言ってから
・直通であれば社名を名乗る
・「モシモシ」は言わない

相手を確認する ← 相手を確認する

・「△△会社の□□様でいらっしゃいますね」

・聞き取れないときは「恐れ入りますが、もう一度お願いします」と聞き直す

あいさつをする ← あいさつをする

・「いつもお世話になっております」

・「いつもお世話になっております」

用件の説明 → メモしながら用件を聞く

・順序よく、結論を先に
・要点を明確に
・一方的にならないように。相手の状況も考え方もさまざまであることに気を付けて

・要点をメモしながら
・相槌を打ちながら
（例）「ハイ…ですね」
・最後まで聞く

疑問点を質問し要点を復唱する

用件を確認する ←

・用件が正確に通じたかどうか確認する
・必要なら要点を繰り返したり、復唱を求める

・数字、時間、場所などは必ず復唱
・５Ｗ２Ｈでモレがないか確かめる
・言付けを頼まれたら自分を名乗り、責任を明らかにして相手を安心させる

用件が終わったらあいさつする → 締めくくりのあいさつをする

・用件や内容にふさわしい締めくくりのあいさつをする
「よろしくお願いいたします」
「ご連絡をお待ちしております」

・用件にあわせたあいさつをする
「失礼いたしました」
「承知いたしました」

静かに切る → 静かに切る

・間をおいて静かに切る
（目上、得意先なら相手が切ってから）

・間をおいて静かに切る

## Exercise 1 | 電話応対用語を覚えましょう

**言葉遣いの暗記**　　次の電話応対用語の言葉遣いが自然に口から出るように練習しましょう。
特に太字の部分はよく使います。

### ■受けるとき

| 状況 | 言葉遣い | ポイント |
|---|---|---|
| 電話の呼び出し音がなりました。さて（内線のとき、外線のとき） | まず、こちらから名乗ります。<br>内線「○○部です」<br>**外線「○○会社○○部でございます」** | ・左手で受話器を。右手でメモをとる。 |
| 電話の呼び出し音がなりました。大変お待たせいたしました。さて | **「はい、お待たせいたしました。**○○会社○○部でございます」 | ・3回以上呼び出し音が鳴っても誰も出ないことは失礼です。 |
| 先方の声が小さいとき | 「申し訳ございませんが、お電話が遠いようですが…」 | ・「声が遠いようですが」というのは、人によっては先方を刺激してしまう。「申し訳ございませんが」とこちらの声を小さくするのも一つの方法（相手の声が逆に大きくなる） |
| 電話であいさつをするとき | 名乗りあって用件に入る前に**「いつもお世話になっております」** | |
| 先方が名乗らないとき | **「失礼ですが、どちらさまでいらっしゃいますか」** | |
| 先方の名乗りがよく分からないとき<br>・相手の名前が分かって会社名が分からないとき<br>・会社名が分かって相手の名前が分からないとき | 「恐れ入りますが、どちらの佐藤様でいらっしゃいますでしょうか」<br>「恐れ入りますが、○○会社のどちら様でいらっしゃいますでしょうか」 | 意外に多いケース。分かったことを伝えることによって、先方の手間を省き、安心感を与える。 |
| 電話を上司や先輩に代わってもらうとき | 「少々お待ちくださいませ」と先方に断り、「○○会社の○○さんからです。お願いします」 | ・保留ボタンを押す。<br>・メモを見ながら伝える。 |
| 用件が分からなくて他の人に代わるとき | 「申し訳ございませんが、**担当の者（○○）と代わります。**少々お待ちください」 | ・先方が二度話さなくてすむように用件をはっきり伝えること。 |
| 係が違い、他の係に回すとき | 「恐れいりますが、**係が違いますので**ただいま担当の者にお回しいたします」 | |
| 取次ぎを頼まれたとき | **「○○でございますね。少々お待ちくださいませ」** | ・自社の人には敬称は付けない。 |

| | | |
|---|---|---|
| 名指し人が見当たらないとき | 「申し訳ございません。〇〇はただいま<u>席をはずしております</u>」<br>「戻りましたら、<u>こちらからお電話を差し上げましょうか</u>」 | ・必ずメモをとる。 |
| 名指し人が外出中（会議中）のとき | 「申し訳ございません。<u>〇〇はただいま外出しております（会議中でございます）。〇時頃に戻る（終わる）予定になっております</u>が、戻りましたらこちらからお電話を差し上げましょうか、それとも、よろしければお言付けをお伺いいたしましょうか」 | ・必ずメモ・報告を。<br>・外出先や会議のテーマを聞かれたときは、上司または先輩の指示を仰ぐ。 |
| 名指し人が会議中であらかじめ用件を聞いておくように言われたとき | 「申し訳ございません。〇〇は会議中でございます。私は××と申しますが<u>ご用件を承るように申しつかっております</u>」 | |
| 伝言を依頼されたとき | 「お伺いいたします。どうぞ」<br><u>「私、〇〇部の〇〇と申しますが、〇〇が戻りましたら必ず申し伝えます」</u> | ・不明な点は曖昧にしない。必ず復唱。伝言を依頼されないときもメモをとる。 |
| 書類などを調べなければならないとき | <u>「ただいまお調べいたしますので、少々お待ちいただけますでしょうか」</u> | |
| 少し時間がかかると思われるとき | 「少し時間がかかると思いますので、折り返しこちらからお電話をさせていただけますか」 | |
| 復唱するとき | 「確認させていただきます」 | ・５Ｗ２Ｈで。 |
| 電話があったことだけ伝えてくれと言われたとき | <u>「お電話をいただきましたことを申し伝えます」</u> | |
| 名指し人が不在で、折り返し電話をするように頼まれたとき | 「はい、〇〇が戻り次第お電話するように申し伝えます。<u>念のために、お電話番号をお教えいただけますか</u>」 | ・電話番号を聞くとき、「念のため」という言葉は便利。 |
| 電話を切るときのあいさつ | <u>「ごめんくださいませ」</u><br>「失礼いたしました」<br>「よろしくお願いいたします」 | ・声をいくらか静かにゆっくりと。<br>・話の内容によって使い分ける。 |

## ■かけるとき

| 状況 | 言葉遣い | ポイント |
|---|---|---|
| かけて自分を名乗るとき | 「○○会社の××と申します」 | ・内容と、話の順序・要点をメモしておく。<br>・必要な資料を揃える。<br>・先方が不在のときにどうするか考えておく。<br>・筆記具の準備。<br>・先方の電話番号をチェック。 |
| 先方が留守で、折り返し電話をもらいたいとき | 「<u>恐れ入りますが</u>（申し訳ございませんが）、<u>お帰りになったら折り返しお電話をいただけませんでしょうか</u>」 | ・先方が分かっていると思ってもこちらの電話番号を伝える。 |
| 留守中に電話をもらって折り返しかけるとき | 「<u>お電話をいただいたそうですが、留守にして申し訳ございませんでした</u>」 | ・折り返しの電話はなるべく早めにかける。 |
| 伝言を頼むとき | 「<u>恐れ入りますが、お言付けをお願いできますか</u>」（用件が複数の場合の例）<br>「お伝えしたいことが３つほどございますが…」 | ・相手がメモしやすいように要領よく、ゆっくりと伝える。<br>・用件が複数の場合は最初に数を言う。 |
| 上司から頼まれて先方の秘書に電話をかけ、先方の上司に取り次いでもらうとき | 「○○会社の○○（上司の名前）からでございます。恐れ入りますが、○○社長様はいらっしゃいますか（お願いできますでしょうか）」 | ・先方の上司が電話に出ると同時にこちらの上司も電話口に出られるようにタイミングを図る。 |

## Lesson 4　電話応対

### Exercise 2　電話応対のロールプレイングをしてみましょう

#### ①取次ぎの基本

| かけ手 | 受け手 |
| --- | --- |
| （呼び出し音）<br>こちらは○○会社の○○と申します。<u>いつもお世話になっております。</u><br><br>○○様をお願いいたします。 | はい、○○会社○○課でございます。<br><br>こちらこそ、<u>いつもお世話になっております。</u><br><br><u>○○でございますね。少々お待ちください。</u>（保留ボタンを押して）○○さん、○○会社の○○様からお電話です。 |

#### ②先方が名乗らない場合

| かけ手 | 受け手 |
| --- | --- |
| （呼び出し音）<br>○○さんをお願いできますでしょうか。<br><br><br>○○会社の○○と申します。<br><br><br>こちらこそお世話になっております。 | はい、○○会社○○課でございます。<br><br>　はい、○○でございますね。<u>失礼ですが、どちら様でいらっしゃいますか。</u><br><br>○○会社の○○様でいらっしゃいますね。いつもお世話になっております。<br><br>少々お待ちください。（保留ボタンを押して）○○さん、○○会社の○○様からお電話です。 |

#### ③数字をメモしなければならない場合

| かけ手 | 受け手 |
| --- | --- |
| （呼び出し音）<br>○○会社の営業部でございます。いつもお世話になっております。<br><br>早速なのですが、御社の製品「ベストフレンド」を245個、至急届けていただきたいのですが。こちらの顧客番号はAC-89555です。 | はい、○○会社○○課でございます。<br><br><br>こちらこそお世話になっております。<br><br><br><br>私どもの「ベストフレンド」を245個ご購入いただけるということでございますね。ありがとうござ |

| | います。お客様番号はAC-89555でございますね。 |
|---|---|
| そうです。 | 私○○と申します。失礼ですが○○会社のどちら様でいらっしゃいますか。 |
| 申し遅れました。○○と申します。 | ○○様でいらっしゃいますね。それでは至急お届けの手配をいたします。どうもありがとうございました。 |
| よろしくお願いします。失礼します。 | ごめんくださいませ。 |

## Lesson 5　電話伝言メモの書き方

〔会社ですでに印刷された伝言メモ用紙がある場合〕　〔伝言メモを自分で書く場合の例〕

電話伝言メモ

関根 課長 様宛　　　　山口 受

5月 15日 2時 30分

東洋㈱営業部 中川 様から

☐電話がありました　　　　0273-
☑電話をいただきたい（TEL 47-3399）
☐もう一度電話します
　　　　　　（　日　時　　分頃に）
用件は下記の通りです。
・明日〔5/16（火）〕の会議 開催時間の
　変更　　1:00 → 2:30
・他にも話があるとのことです。
_____
_____

☐に√印をつける

---

関根課長

5/15　2:30　山口 受
東洋㈱の営業部・中川様から（お）
電話があり（ました）。
・明日〔5/16（火）〕の会議開
　催時間の変更
　　　1:00→2:30へ。
・他にも話があるので、お電話を下
　さいとのことでした。
TEL 0273-47-3399

---

| 電話伝言メモのポイント | ・メモを渡す相手の職位によって敬語に注意する。<br>例：同僚の時…電話あり、TELあり<br>　　上司の時…お電話がありました<br>・誰が何日の何時に受けたかはビジネスにおいて重要なことなので、書き忘れないようにする。 |
|---|---|

## Exercise 3　電話応対のロールプレイングをしてみましょう

### ④名指し人が不在の場合

| かけ手 | 受け手 |
|---|---|
| （呼び出し音）<br>こちらは○○会社の○○と申します。いつもお世話になっております。 | はい、○○会社○○課でございます。 |
| | ○○会社の○○様でいらっしゃいますね。いつもお世話になっております。 |
| ○○様をお願いいたします。 | |
| | 申し訳ございませんが、ただいま○○は外出しております。3時頃には戻る予定でございます。 |
| さようでございますか。それでは恐れ入りますが、お帰りになったらお電話をいただけますでしょうか。 | |
| | かしこまりました。念のためお電話番号を教えていただけますか。 |
| ○○○-○○○○です。 | |
| | ○○○-○○○○、○○会社の○○様でいらっしゃいますね。○○が戻り次第、お電話するように申し伝えます。私、○○課の○○と申します。 |
| ○○様でいらっしゃいますね。ではよろしくお願いいたします。失礼します。 | |
| | 失礼いたします。 |

### ⑤伝言を受ける場合

| かけ手 | 受け手 |
|---|---|
| （呼び出し音） | おはようございます。○○会社○○課でございます。 |
| ○○会社の○○と申します。 | |
| | いつもお世話になっております。 |
| こちらこそお世話になっております。○○課長様はいらっしゃいますか。 | |
| | 申し訳ございません。○○は外出しておりまして11時には戻る予定になっております。 |
| では、ご伝言をお願いできますか。 | |
| | はい（メモの用意）どうぞ、お願いします。 |
| 実は○○課長様と本日2時に渋谷で待ち合わせをしているのですが、遅れそうなので、2時半にしていただきたいのですが…。 | |
| | かしこまりました。本日2時の日比谷の待ち合わせを2時半に変更ということですね。 |

| いえ、違います。渋谷です。新聞のシ、富士山のフに濁点、ヤマトのヤ、シブヤです。 | |
|---|---|
| | 申し訳ございません。渋谷で2時半ということですね。それでは、念のために○○が戻り次第、お電話するように申し伝えます。 |
| それが、ただいま出先でして連絡がとれないのです。11時過ぎにこちらからもう一度お電話させていただきます。 | |
| | それではお願いいたします。○○会社の○○様でいらっしゃいますね。お言付けは確かに申し伝えます。私、○○と申します。 |
| ○○様でいらっしゃいますね。よろしくお願いします。では失礼します。 | |
| | かしこまりました。ごめんください。 |

⑥調べるのに時間がかかる場合

| かけ手 | 受け手 |
|---|---|
| （呼び出し音）<br>○○会社の広報部でございます。いつもお世話になっております。 | はい、○○会社○○課でございます。 |
| | こちらこそお世話になっております。 |
| 早速ですが、当社の企画書作成のために御社の「ベストフレンド」の地域別シェアについて教えていただけますでしょうか？ | |
| | かしこまりました。「ベストフレンド」の地域別シェアについてでございますね。<br>申し訳ございませんが、お調べするのに少々お時間がかかりますので、のちほどこちらからご連絡いたします。<br>私、○○と申します。失礼ですが、広報部のどちら様でいらっしゃいますか？ |
| 申し遅れました。○○と申します。 | |
| | 念のためお電話番号をお聞かせいただけますでしょうか？ |
| ○○○○-○○○○です。では、よろしくお願いします。 | |
| | ○○○○-○○○○でいらっしゃいますね。かしこまりました。調べましたら早速ご連絡いたします。では、失礼いたします。 |

**⑦他社の秘書から上司への電話を取次ぐ場合**

| かけ手 | 受け手 |
|---|---|
| （呼び出し音）<br>○○会社の○○の秘書でございます。いつもお世話になっております。<br><br>私どもの○○から○○社長様へお電話申しあげたいのですが、ご都合はいかがでいらっしゃいますか。<br><br><br>お願いします。<br><br><br>社長：はい、つないでください。<br><br><br>お願いします。（上司とただちに交代する） | はい、○○会社秘書課でございます。<br><br><br>こちらこそお世話になっております。<br><br><br>はい、ただいま席にいるかどうか確かめますので、このまましばらくお待ちください。<br><br>（保留ボタンを押しインターホンで社長に）○○会社の○○社長様からお電話でございます。おつなぎしてよろしいでしょうか。<br><br>かしこまりました。<br>（先方の秘書に）<br>お待たせいたしました。○○に代わりますのでよろしくお願いいたします。<br>（呼び出しボタンを押す） |

## Lesson 6　ＦＡＸの送り方

| ポイント | 注意 |
|---|---|
| (1)ＦＡＸ番号は充分に確認する | ・送信ミスは機密漏洩の危険もある。 |
| (2)ＦＡＸには送信状をつける | ・発信元の社名、部署、氏名、電話番号、送付枚数と件名を明記しておく。 |
| (3)薄い字は濃く、細かい図は拡大して送る | ・受信者がはっきりと分かるように、薄い字は濃くコピーしてから送るとよい。また細かい図もＦＡＸするとつぶれて読みにくいことがあるので、拡大コピーしてから送る。 |
| (4)マル秘に属する書類はＦＡＸしない | ・ＦＡＸは誰に見られるか分からないので、機密に関する書類はＦＡＸで送ってはならない。 |
| (5)儀礼文書はＦＡＸしない | ・礼状や会社設立などの案内状、披露の招待状などの格式を重んじる儀礼文書はＦＡＸで送ってはならない。 |

あなたならどうしますか

**Exercise 4** ｜ ケーススタディ　電話があったことを伝えなくてもよいと言われたら

　野口課長宛に電話が入りました。課長は出張中で明日の朝、帰社の予定です。その旨を伝えたら相手は「そうですか。実は私も出張でこちらへ出てきたものですから、久しぶりにお目にかかりたいと思ってお電話したのです。明日までおりますので、また明日こちらからお電話します」とおっしゃいました。あなたはお名前をうかがうと同時に課長に伝えておくと申し上げたら、先方は「関西株式会社の瀬川と申しますが、特別な用事でないから結構です」とおっしゃいました。さて、あなたはこの件を課長に伝えますか？伝えませんか？またその理由は？

メモ

--------------------------------------------------------

--------------------------------------------------------

--------------------------------------------------------

--------------------------------------------------------

--------------------------------------------------------

--------------------------------------------------------

--------------------------------------------------------

--------------------------------------------------------

# Lesson 8　国際電話の受け方

国際電話がかかってきた時のためのキーワード

| 状況 | 英語の受け方の例 | 訳 |
|---|---|---|
| 電話をとったら： | ○○Company, may I help you? | ○○会社でございます。ご用件を承ります。 |
| Mr.Yamadaをお願いしますと言われたら | 〔確認する〕 Mr.Yamada? | 山田でございますか？ |
| | 〔在席の時〕 Just a moment, please. Hold on please. | 少々お待ちください。 |
| | 〔外出中〕 Sorry, Mr.Yamada is out of town now, but he will be back at 3:00 tomorrow afternoon. | 申し訳ございません。山田はただいま出張しておりますが、明日の３時に戻ってまいります。 |
| | 〔会議中〕 Sorry, Mr.Yamada is in the meeting now, but he will be back in an hour. | 申し訳ございません。山田はただいま会議中でございます。１時間以内には戻ると思います。 |
| 相手を確認する | Who is this calling, please? May I have your name, please? | どちら様でいらっしゃいますか？ |
| 相手の意向を伺う | Shall I ask him to call you back? | 戻りましたらお電話するように伝えましょうか？ |
| 電話番号を聞く | May I have your phone number? | お電話番号をお聞かせいただけますか？ |
| 締めくくりの挨拶 | Thank you for your calling, good-bye. | お電話ありがとうございました。失礼します。 |

# 第4章
# 指示の受け方と報告の仕方

## 指示の受け方　ケーススタディ

木村さんは人事課の課員です。今日の4時頃に課長に呼ばれ、「営業の森田君に連絡をとって、明日の朝一番で私のところに来るように伝えてください。今日は彼は社内にいるはずだから」と指示されました。

木村さんは早速、社内電話で森田さんに連絡しようとしましたが、森田さんは他の電話に出ているとのことなので、また後で電話しようとそのまま電話を切りました。その後、5時までに仕上げなければならない仕事もあり、バタバタと忙しく5時を迎えました。今日、木村さんは同期の友達と食事をする約束があるので、5時半に会社を出ないと間に合いません。時計を見ると5時20分です。木村さんはあわてて机の上のものを片付け、会社を出ました。

翌日、課長から「森田君、まだ来ないけど…」と言われ、木村さんはあわてて森田さんに電話しましたが、森田さんはすでに外回りに出かけたあとでした。

課長にそのことを伝えると、「だから昨日のうちに連絡してもらおうと思ったんだ。今日の午前中に森田君に聞かなければならないことがあったのに」と木村さんを叱りました。

あなたが木村さんなら、どうしたらよかったでしょうか。

--------

--------

--------

--------

## 指示と報告の意義

会社の仕事は図のように、上司のPDCA（Plan→Do→Check→Action）と部下のPDCAがうまく回ることによって、円滑に動いています。上司のPDCAと部下のPDCAをつなぐものが、指示と報告なのです。従って、それらが正確に伝わらないと、組織の流れの中で各自の仕事が流れなくなり、業務に大きな支障を来します。

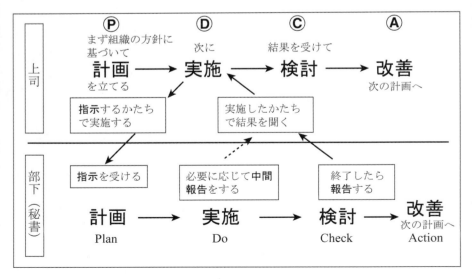

## Lesson 3　指示の受け方

| ポイント | 理由または留意点 |
|---|---|
| (1)すばやく受入れ態勢をとる | ①呼ばれたとき、すぐに気持ちのよい返事をして、上司のところへ行く。<br>②メモ用紙の準備をする。 |
| (2)指示は正確に理解する | ①要点をメモしながら聞く。<br>②最後まで聞く。指示の途中で質問や意見を挟まない。<br>③質問する５Ｗ２Ｈ（Whenいつ、Whereどこへ、Whoだれが、だれと、What何を、Why何のために、Howどのように、How muchいくら）に当てはめて整理しながら考え、曖昧な点は話が一段落したところで質問する。 |
| (3)要点を復唱する | ①仕事の目的を明確に把握してから復唱する。<br>②同じく、５Ｗ２Ｈで当てはめると整理できる。<br>③相手の反応を確かめながら確認する。<br>④緊急の場合を除いては、完成時期も確認する（上司は必要であるから仕事を依頼したので、早く完成させた方がよいが、他の仕事と重複した場合には「いつごろまでにご入用でしょうか？」などとやわらかな表現で聞く）<br>⑤自分の能力、所要時間（日数)、指示の内容も考える。 |

## Lesson 4　口頭報告の仕方

| ポイント | 留意点 |
|---|---|
| (1)結果は必ず報告する。 | ①指示された仕事を完了したら、直ちに上司に報告する。 |
| (2)結論から先に言う。 | ①結論を先に、次に理由、経過の順に、簡潔に報告する。<br>②適当に区切りながら、要点をはっきりと表現する。 |
| (3)事実に基づき、事実と意見は分ける。 | ①事実に基づいて客観的に説明する。<br>②必要な資料を添える。<br>③事実と自分の意見とは、はっきり分けて報告する。 |
| (4)報告は指示した人にする。 | ①組織の指令系統に基づいて直接指示した人に報告する。 |
| (5)中間報告はこんなときに | ①指示された仕事が完了するまでに、相当の時間がかかりそうだと思ったとき。<br>②状況が変わったとき。<br>③指示された仕事を進めるに当たって、困難な問題が起こったとき。<br>④指示された方法ではできないとき。<br>⑤結果の予測がついたとき。<br>⑥現状を知っておいてもらった方がよいと判断したとき。 |

## Exercise 1 | 指示を受け、報告をするロールプレイングをしてみましょう

①教育訓練部に「英会話のしおり」をもらいに行く。

次の□の中に先生の指示を書き込みましょう。そして指示を受ける→教育訓練部へ行く→報告する　のロールプレイングをしてみましょう。

```




```

演習のポイント

```


```

②経理部長に都合を伺いに行く

次の□の中に先生の指示を書き込みましょう。そして指示を受ける→経理部長のところへ行く→報告する　のロールプレイングをしてみましょう。

```




```

演習のポイント

```


```

③電話でハイヤーを手配する

以下の内容について、指示を受ける→ハイヤー会社に電話する→報告する　のロールプレイングをしてみましょう。

> 　○○さん、来週の火曜日、大切なお客様がいらっしゃるので、空港まで迎えに行くから車の手配をしてください。決まったら知らせてください。

演習のポイント

--------------------------------------------------------------------------------
--------------------------------------------------------------------------------
--------------------------------------------------------------------------------
--------------------------------------------------------------------------------

## Lesson 5　口頭報告とメモ・文書報告のケース

| 報告の種類 | ケース |
|---|---|
| 口頭報告 | ・口頭で早く報告しておく方がよい場合<br>例：緊急の場合、業務上のミス、日常業務の状況、長期間の仕事の中間報告 |
| メモ・文書報告 | ・内容が複雑で口頭では間違えやすい場合<br>・数字、図表が必要な場合<br>・記録として残す必要がある場合<br>・関係先に報告する必要がある場合 |

## Lesson 6　メモ・文書報告の種類

報告書とは上司の指示・命令に従って行われた仕事のフィードバック。

| メモ | 上司が保管できるように、数字、日時、場所、人名、内容など簡単に書いたメモ的報告 | |
|---|---|---|
| 文書 | 定期的な報告文書<br>臨時的な報告文書 | 日報、月報など<br>出張報告書、会議・研修報告書、調査・研究報告書、事故報告書、始末書、企画書など |

文書報告のポイント

| ポイント | 理由または留意点 |
|---|---|
| (1)時期を逸せずタイムリーに提出する。<br>(2)報告の目的をつかみ、主題を明確にする。<br>(3)結論から書く。<br>(4)分かりやすく簡潔に書く。 | 理由や経過はその後で書く。<br>①箇条書きにする。<br>②結論から書く。<br>③強調したいところにはアンダーラインを付ける。<br>④図表、資料を付ける。<br>⑤長文の場合はポイントごとに見出しを付ける。 |
| (5)事実と報告者の意見・推測を区別する。<br>(6)作成者の名前と日付を入れる。 | 責任の所在を明らかにする。 |

## Exercise 2　報告書を作成する

次の演習問題をよく読んで、報告書を作成してください。

---

あなたは○○会社の営業部に属しています。先月から協力会社の山田商事より仕入れている商品Ａ１１１の部品であるＢ９９の単価の値上げを要請されていました。山田商事の要求は現在単価50円のＢ９９を60円に値上げしてほしいというものでした。

それをあなたは今日、山田商事の担当の小林課長とあなたの会社の原価部の担当者の青柳主任と話し合い、来月から55円の単価ということで話をまとめました。このことはあなたの直属上司の井上課長にはすぐ口頭で報告しましたが、今後のことを考えて、この結果を文書にして保管することにしました。

下の報告書の書式に、以上の事項をまとめて、井上課長宛のきちんとした報告書にしなさい。なお本日の年月日を使用しなさい。

---

　　　　　　　　　　　　　　　　　　　　　　　　　年　　月　　日

_____　殿

　　　　　　　　　　　　　　　　　作成者：_____

　　　　　　　　_____

　1．結論　_____


　2．経過　_____

　　　　　_____

　　　　　_____

　　　　　_____

　　　　　_____

　　　　　_____

　　　　　_____

　　　　　_____

第5章
スケジュール管理

# スケジュール管理の意義

　上司の行動予定の作成・実行・変更・調整を弾力的に行うことによって、上司の限られた時間を効率的に使えるようにサポートします。

## Lesson 1　予定表の種類

| 予定表の種類 | | 内容と留意点 |
|---|---|---|
| (1)全社的な予定表 | ①年間予定表 | 1年間の主な予定表。会社の主要年間行事を表にしてある。(例) 株主総会、取締役会、入社式、創立記念日、夏季（冬季）一斉休暇等が記入されている。 |
| (2)上司及び部門の業務に関する予定表 | ②月間予定表 | 1ヵ月の予定が一目で分かるもの。例えば比較的定型業務が多く、記載事項が少ない職務のスケジュールは月間予定表をベースにしてもよい。 |
| | ③週間予定表 | 1週間の予定が一目で分かるもの。例えば営業のように過密で非定型の業務が多い職務のスケジュールは記載事項が多いので、スペースの関係で週間予定表をベースにした方が一般的である。一般的には秘書が月間・週間予定表から過密スケジュールの日を取り出して日程表を作成し、上司に渡している例が多い。 |
| | ④日程表 | 一日の予定が一目で分かるもの。特別に過密スケジュールの場合、あるいは出張する場合など一日を細かい時間帯で綿密に記す。行動予定に合わせて細かい行動メモ（必要な資料、連絡先など）も備考欄にメモする。 |

## 予定表の例

### ①年間予定表

| 日 | 曜 | 4月 | 曜 | 5月 | 曜 | 6月 | 曜 | 7月 | 曜 | 8月 | 曜 | 9月 |
|---|---|---|---|---|---|---|---|---|---|---|---|---|
| 1 | 水 | 入社式 | 金 | | 月 | | 水 | | 土 | 部長会 | 火 | |
| 2 | 木 | | 土 | 部長会 | 火 | 役員会 | 木 | 役員会 | 日 | | 水 | 役員会 |
| 3 | 金 | 部長会 | 日 | | 水 | | 金 | | 月 | | 木 | |
| 4 | 土 | 役員会 | 月 | | 木 | | 土 | 部長会 | 火 | 創立記念日 | 金 | |
| 5 | 日 | | 火 | 役員会 | 金 | | 日 | | 水 | | 土 | 部長会 |
| 31 | | | 日 | 株主総会 | | | 金 | | 月 | | | |
| 備考 | | 新入社員研修会<br>（上旬～中旬） | | | | ワールドフェスティバル<br>（中旬） | | ドイツ交流会<br>（上旬） | | タイ合同フェア<br>（下旬） | | フィンランド視察<br>（中旬～下旬） |

### ②月間予定表

| 日 | 曜 | 摘　要 | 日 | 曜 | 摘　要 |
|---|---|---|---|---|---|
| 1 | 金 | | 16 | 土 | F社岡本社長来社（14:00～15:00） |
| 2 | 土 | 部長会（10:00～12:00） | 17 | 日 | |
| 3 | 日 | | 18 | 月 | ロータリークラブ講演（18:00～20:00） |
| 4 | 月 | 定例役員会（13:00～15:00） | 19 | 火 | |
| 5 | 火 | 役員会（15:00～16:00） | 20 | 水 | 総務部定例会議（9:00～11:00） |
| 15 | 金 | 大阪販促セミナー講演（10:00～11:00） | 30 | 日 | |
| 備考 | | | 備考 | | ロンドン出張（下旬） |

### ③週間予定表

| 日 | 曜 | 摘　要<br>8　9　10　11　12　1　2　3　4　5　6　7　8 | 備　考 |
|---|---|---|---|
| 4 | 月 | Y社企画会議（11:00～14:00） | 第1会議室　プロジェクター準備 |
| 5 | 火 | ①A社プレゼンテーション（10:30～11:30）②S能率部長面談（14:00～14:50）③役員会（16:00～17:30） | ①第5会議室<br>③第2会議室 |
| 6 | 水 | C社営業部長面談（9:30～11:30） | |
| 7 | 木 | 会社発　①　帰社　②<br>①Z社新商品発表会（11:00～13:00）②人事部会議（15:00～16:30） | ①お台場ショールーム<br>Tel.03-4444－xxxxx<br>②第4会議室 |
| 10 | 日 | | |

④日程表

| 時刻 | 日々予定表　7月3日（金） | 備考 |
|---|---|---|
| 8:00 | 8:00　出勤 | |
| 9:00 | 9:30 | |
| 10:00 | ABC商事<br>岩田広報部長来社 | 第3会議室岡西課長<br>同席資料　企画A |
| 11:00 | 11:30 | |
| 12:00 | 12:30　移動（車） | |
| 13:00 | 13:30 | |
| 14:00 | 山中設計プレゼン大会審査員 | 港南ガーデン　58F<br>スカイルーム<br>03-4444-XXXX |
| 15:00 | 移動（車）<br>山中設計クリーガー社長同乗 | |
| 16:00 | | |
| 17:00 | ヴェールサイトイベントスピーチ | シーサイドヒルホテル<br>25F　白鳥の間<br>03-5555-XXXX |
| 18:00 | | |
| 19:00 | | |

## Lesson 2　予定表作成の手順と注意点

| 手順 | ①年間予定表から会社行事を予定表に書き込む。<br>②部または課内の定例会議と定例行事を書き込む。<br>③上司の指示に従って、アポイントメントをとる、または受ける。<br>④上司の承諾後、予定表に書き込む。 |
|---|---|
| 注意事項 | ①すべてのスケジュールは上司の意向を聞いてから決定する。<br>②スケジュールは、決定した時点で、すぐ秘書のマスター・スケジュール表に書き込み、同時に上司のスケジュール表にも書き込むか、書き込んでもらうようにメモを渡す。<br>③最近は携帯電話や電子メールによって、上司が直接スケジュールを決定するケースが増えているが、上司が秘書を通さずに作ったスケジュールは、マスター・スケジュール表に書き込む必要上、是非知らせてくれるように頼んでおく。<br>④情報はなるべく詳しく書き込み、追記していく。自分に分かる程度の略号を使うとよい。<br>　　例：来社→来　会議→カ　訪問→訪<br>⑤暫定的な予定は鉛筆で書き込む。決定したら書き直す。<br>⑥スケジュールを作る際は、上司の思考の切換え時間、次の場所への移動時間（交通の渋滞度も十分に考慮する）など、時間に余裕を持たせる。<br>⑦スケジュールを変更した場合は、文字を修正液で消さずに、二重線で消す。後で調べる必要が生じた時に、過去の記憶をたどりやすい。<br>⑧誤ってスケジュールが重複した時は、動かせる空き時間を示して、その優先順位を上司に決め |

てもらう。

⑨夕方から夜にかけてのスケジュールは、私的なことや業務から離れた会合などもあるので、必ず上司の承諾を得た上で、時間と場所をはっきり書き込む。

⑩国内や海外の出張が入った時は、スケジュール表には出発と帰着の日時を書き込み、別に旅程表を作る。

## ポイント

| | |
|---|---|
| **マスター・スケジュール表について** | マスター・スケジュール表とは、秘書が使う基本のスケジュール表である。秘書はスケジュールを作成したらただちにこの基本スケジュール表に書き込む。上司から聞いた場合もすぐに書き込む。マスター・スケジュール表は１つに決め、必ずそこに書き込む習慣をつけておき、モレのないように時折、上司のスケジュール表とチェックしあう。 |
| **パソコンによるスケジュール管理について** | パソコンを用いて情報ネットワークにのせてスケジュール管理をすることもできる。当事者達と秘書との間でリアルタイムで連絡をとり、調整することができる。必要とあればPASSWORDを使用するなどして機密漏洩を防ぐことができる。 |
| **機密漏洩を防ぐ** | スケジュール表は原則として公開するものではない。不用意に当事者以外に見せないように気を付ける |

## Lesson 3 　スケジュール表と業務計画の関係

　スケジュール表には面談のスケジュールだけでなく、業務をスムーズに進めるために次の事柄を書き込んでおくと、ミスを防ぐことができる。

| | |
|---|---|
| **スケジュール表に書き込んでおくとよい業務の項目** | 1. 提出の締切りが定められている書類<br>2. 仕事の納期　　（例）製品の納期など<br>3. その日に秘書自身がしなければならない主な仕事<br>4. その他、仕事をスムーズに進めていく上で必要と思われる事柄 |

## Lesson 4 スケジュール管理における上司と秘書の役割分担について

スケジュール管理の流れは以下のとおり。どんな場合でもスケジュールの最終決定者は上司である。

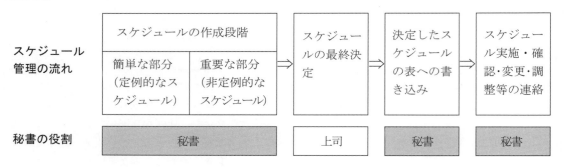

| | スケジュールの作成段階 | | スケジュールの最終決定 | 決定したスケジュールの表への書き込み | スケジュール実施・確認・変更・調整等の連絡 |
|---|---|---|---|---|---|
| スケジュール管理の流れ | 簡単な部分（定例的なスケジュール） | 重要な部分（非定例的なスケジュール） | スケジュールの最終決定 | 決定したスケジュールの表への書き込み | スケジュール実施・確認・変更・調整等の連絡 |
| 秘書の役割 | 秘書 | | 上司 | 秘書 | 秘書 |

## Exercise 1　週間予定表の作成

右の表はあなたの上司の小林専務の来週の予定ですが、下記のスケジュールが抜けています。これを右の週間予定表に書き込みなさい。

10/22（月）は19：00に銀座画廊（会社から車で20分）に行く。この日は1/20付けF銀行の手紙の件で吉野部長に連絡することを忘れないようにすること。

10/24（水）は7：00〜8：30まで日本ホテルで（会社から車で30分）朝食会。テーマは企業研究会。

10/25（木）は13：30〜14：00までB社鈴木社長が訪問予定。B社秘書は岸氏、B社ＴＥＬは03-3700-9626

10/27（土）は9：00から佐々木社長、高田取締役、他1名と赤城カントリー（専務の自宅から車で1時間）でゴルフ。インコース予約済み。赤城カントリーの電話は0457-91-6789。

# 週間予定表

| | 8:00　9:00　10:00　11:00　12:00　13:00　14:00　15:00　16:00　17:00　18:00　19:00　20:00 | メモ |
|---|---|---|
| 10/22<br>（月） | 9:30　10:00<br>└┘<br>Ｆ銀行花田常務と<br>近藤部長来社<br>Ｆ銀行Tel<br>03-3201-2111 | |
| 10/23<br>（火） | 8:30　　　　10:30　　　　　13:30　　14:30<br>└──────┘　　　　└────┘<br>人事組織会議　　　　　　　新製品説明会<br>（於）第一会議室※1　　　荒井部員<br>特別参加：高田取締役　　（45分） | ※1<br>組織表を準備<br>しておく |
| 10/24<br>（水） | 9:30　10:00　　　　12:00　12:30<br>└┘　　　　　　　　└┘<br>会　A社　高木部長訪問　帰<br>社　同行：吉田部長　　　社<br>発　　　　　※1 | ※1 A社<br>03-3261-2128<br>（秘書 宮田氏） |
| 10/25<br>（木） | 9:00　9:30　　11:45　12:00　13:00　13:15　　15:00　　　　17:00　17:45　18:30　　20:00<br>└┘　　　　└┘　　　　　└┘　　　　└────┘　　　　└────┘<br>篠田氏　　　　会　山田工場長　帰　　　会計会議　　　　会　C社岡田社長と<br>プライベート　社　昼食　　　社　　（於）第三会議室　社　夕食　　　　　　※<br>相談事　　　　発　（於）数寄屋　　　浅田常務欠席　　発　（於）レストラン東京<br>　　　　　　　　　　　　　　　　　　　　　　　　　　　　　予約ズミ | ※<br><br>※<br>レストラン東京<br>03-3456-9881 |
| 10/26<br>（金） | 10:00　　　　　　　　13:00　　　　16:00　　17:00<br>└──────────┘　　　└────┘<br>営業会議（於）第一会議室　　浅田常務<br>昼食10人分予約ズミ　　　　　打ち合わせ※1<br>　　　　　　　　　　　　　　（於）小会議室 | ※1 10/25の会計<br>会議の書類を準<br>備 |
| 10/27<br>（土） | | |

| (1) アポイントメントの意義 | 面談を希望するとき、その相手に連絡し、承諾を得るとともに、日時・場所などについて確認をとる（または受ける）ことである。 |
| --- | --- |
| (2) アポイントメントを申し込む場合のポイント | ①上司の指示または承認があること<br>②先方に秘書がいる場合は、一般的には秘書を通じて行う。<br>③次の項目を正確に伝える。<br>・こちらの会社名、氏名、役職名<br>・用件、目的<br>・日時、所要時間、場所、方法（朝食会、昼食会などの場合）…日時は余裕をもって申込み、先方が選べるようにする。<br>④時間的に連続した複数のアポイントメントをとる場合は、移動に費やす時間を十分に考えておく。<br>⑤日時・場所を決める場合は先方の都合のよいように取り計らう。一般的には次の点を考慮する。・月曜日の朝は誰でも忙しい。・昼食の直前・直後は食事時間に影響する。・場所は先方の不便でない所にする。・会社訪問の場合、終業直前の時間帯は社内は忙しい。<br>⑥手紙で連絡するときは、その手紙が届いた頃に先方（の秘書）に確認の電話をいれる。<br>⑦先方からの返事の諾否が保留の場合は、申し込んだ側から再度連絡するのがよい。<br>⑧アポイントメントが決まり、当方で会議室などの予約が必要なときは、すぐに予約しておく。その場所について十分な知識がないときは、事前に道順、部屋の広さ、机の配置などを調べておく。<br>⑨アポイントメントが決まったら、必ず上司に報告し、スケジュール表に書き込む。 |
| (3) アポイントメントを申し込まれた場合のポイント | ①先方の氏名、会社名、役職名、用件、日時、場所、方法、所要時間などをきちんと聞きとる。この場合はあまり詮索するような口調にならないように注意する。<br>②手紙で申し込まれた場合はすぐに返事を出す。特に断りの場合は早めに出す。返事が遅れそうなときは、前もっていちおう電話で連絡する。<br>③申し込まれた日時がすでに予約されているときも、よほどの確信がないかぎり、秘書の独断では断らず、上司の意向を確かめる。前の予約を取り消すほどの重要な用件かもしれない。<br>④申し込まれた日時に予定がなく、しかも上司不在のときは、先方には「一応承ります」と断り、上司の意向を聞いてから先方へ連絡をする。<br>⑤先方の名前が初耳のときは、各種団体の売り込みもあるから、特に面談の目的や用件に細心の注意を払う必要がある。返事をいったん保留にし、上司も知らぬ相手だったら、その会社について調べ、その情報を伝えて意向を聞く。<br>⑥日時が先約と重なり、やむをえず断るときは、上司の承諾を得てこちらの都合のよい日時をいくつか提示し、先方に選んでもらうのがよい。<br>⑦断るときは、相手の気持ちを考えて丁重に断る。<br>⑧社内、特に上司の部下や他部門からの申込みは、用件を聞いて上司に伝え、緊急度に応じて短い時間でもスケジュールの中に組み込むようにする。 |

## Exercise 2 　ロールプレイング　アポイントメントをとる・受ける

　次の状況を頭に入れて、アポイントメントに関する電話応対をしてみましょう。グループディスカッションをして、適切な言葉を空欄に書き込みましょう。

| 状況 | 　中村さんは、ＡＢＣ商会の山田営業本部長の秘書です。取引先の大日本株式会社の加藤本部長の秘書に面会のアポイントメントをとるように、本部長から頼まれました。<br>　用件は新企画の打合わせです。こちらとしては６月６日（火）の午後と８日（木）と９日（金）の終日が都合がつきます。時間が大体30分くらいとのことです。<br>　渡辺さんは大日本株式会社の加藤本部長の秘書です。加藤本部長は６月６日午前中と８日の午前中に来客の予定です。<br>　この状況を踏まえて、中村さんと渡辺さんになったつもりでアポイントメントに関して電話応対をしてください。 |
|---|---|

| かけ手（中村さん） | 受け手（渡辺さん） |
|---|---|
| （電話をかける） | はい、大日本株式会社加藤本部長席でございます。 |
| ＡＢＣ商会の山田の秘書の中村でございます。いつもお世話になっております。 | |
| | はい、では一応承りましてのちほどこちらからご連絡させていただきたいと存じます。 |

## Exercise 3 | ロールプレイング　アポイントメント承諾の電話をかける・受ける

　渡辺さんは加藤本部長にアポイントメント申込みの件を報告し、６月６日の午後２時からならＯＫという返事をいただきました。この件について、翌日ＡＢＣ商会の秘書の中村さんに電話してください。

| かけ手（渡辺さん） | 受け手（中村さん） |
|---|---|
| （電話をかける）<br><br>大日本株式会社加藤の秘書の渡辺でございます。<br>いつもお世話になっております。 | はい。ＡＢＣ商会山田本部長席でございます。 |

## Exercise 4 ｜ アポイントメントの変更・調整

　次の状況を頭に入れて、アポイントメントの変更に関する電話応対をしてみましょう。グループディスカッションをして、適切な言葉を空欄に書き込みましょう。

| 状況〔秘書用〕 | ・今日は金曜日です。上司の安田本部長は来週の水曜日の1時30分から代理店会議に常務の代理としてどうしても出席しなければならなくなりました。ところが、来週の水曜日の1時には、山田氏との面談の予定が入っています。<br>　上司は山田氏との面談を来週の水曜日以外なら何時でも山田氏に合わせるから都合を伺うようにとあなたに指示し、山田氏にはくれぐれもお詫びするようにおっしゃって外出しました。<br>・あなたは山田氏にどのような電話をかけますか。 |
|---|---|
| 〔山田氏用〕 | ・今、金曜日の午後1時です。山田氏が昼食から帰ってくると、机上の電話が鳴りました。出ると顧客の井上工業の安田本部長の秘書からです。<br>・山田氏の来週の予定は水曜日の1時に安田本部長と面談の後、そのまま大阪へ出張し、木・金と関西の顧客を数社訪問することになっています。 |

| かけ手（安田本部長の秘書） | 受け手（山田氏） |
|---|---|
| | はい、山田です。いつもお世話になっております。 |
| | そうですか。それは困ったな。しかし、まぁ仕方ないですね。では1日早めて火曜日の1時ではいかがですか。 |
| | では、火曜日の1時に伺います。 |
| | はい、よろしくお願いします。失礼します。 |

**多人数のスケジュールを一人で管理する場合**

一般的にはスケジュール表は週間予定表と日程表を組み合わせて使う場合が多い。

## 1）複数の役員を一人の秘書がスケジュール管理する場合

（例）役員日程表

| | 8:00　9:00　10:00　11:00　12:00　13:00　14:00　15:00　16:00　17:00　18:00　19:00　20:00 |
|---|---|
| ○○社長 | 9:00―10:00　打合せ会議(於)社長室　10:00―12:00 取締役会(於)第一会議室　15:00―16:00 A社 福田常務来社　18:00―20:00 B氏出版記念パーティ(於)第八ホテル |
| ○○専務 | 9:00―12:00　打合せ会議(於)社長室／取締役会(於)第一会議室　14:30―15:30 C社 鈴木部長訪問 |
| ○○常務 | 10:00―12:00 取締役会(於)第一会議室　14:00―16:00 営業会議(於)第二会議室 |
| ○○常務 | 10:00―12:00 取締役会(於)第一会議室　14:30―16:30 D社佐藤社長訪問　18:00―20:00 |
| ○○取締役 | 10:00―12:00 取締役会(於)第一会議室　15:00―16:00 E社近藤部長来社　18:00 会社発　大阪へ出張 |
| ○○取締役 | 10:00―12:00 取締役会(於)第一会議室　14:00―16:00 販促会議(於)第一会議室 |

★他に知られたくないスケジュールは予約された時間帯のみ書き込んでおく場合がある。

## 2）多人数の部員のスケジュールを一人の秘書がスケジュール管理する場合

（例）第一営業部　週間予定表

| | 月曜日 | | 火曜日 | | 水曜日 | |
|---|---|---|---|---|---|---|
| | 午　前 | 午　後 | 午　前 | 午　後 | 午　前 | 午　後 |
| ○○部長 | 9:00～11:00 営業会議 | 2:00～4:00 部長会議 | 11:00～12:00 A社丸岡氏来社 | 1:30～4:00 B社徳田氏訪問 | 10:00～12:00 部内会議 | 1:00～3:00 原価会議 |
| ○○課長 | 9:00～11:00 営業会議 | 1:00～5:00 E社、F社訪問 | | 3:00～直帰 D社訪問 | 10:00～12:00 部内会議 | |
| ○○課長代理 | 広島・岡山出張 | | | | 10:00～12:00 部内会議 | 4:00～5:00 G社来社 |
| ○○主任 | 9:00～11:00 営業会議 | | 直行～11:00 C社訪問 | 2:00発 北海道出張 | | |
| ○○主任 | 9:00～11:00 営業会議 | | | 1:00～5:00 H社、I社訪問 | 10:00～11:00 Z社訪問 | |
| ○○さん | 9:00～11:00 営業会議 | | 直行～12:00 X社、Y社訪問 | | | 3:00発 大阪へ出張 |
| ○○さん | 9:00～11:00 営業会議 | 2:00～4:00 P社訪問 | | 1:00～5:00 J社、K社L社訪問 | | 4:00～直帰 4社訪問 |

## Exercise 5 | ケーススタディ　面談前の情報提供は必要か？

　あなたが勤めている会社の教育訓練部に、ある会社のセールスマンがやって来て、社員研修のトレーニングプログラムを売り込みに来ました。教育訓練部の部長は検討の結果、購入を断りました。あなたは社長の秘書です。たまたま断った経緯を部長から聞いていました。

　数日後、社長の友人の山下さんから紹介され、同じセールスマンが社長に面談を申し込んできました。用件は同じ商品の売り込みです。社長は過日の教育訓練部でのことはご存じないようです。社長は友人の紹介なので会うと言って、面談の日時を決めました。

　こうした場合、あなたは秘書として事前に社長や教育訓練部長に何か伝えますか。あるいは黙っていますか。伝えるならどういうことを誰に知らせるのかそのポイントを、黙っているならその理由を書きなさい。

--------------------------------------------------------------------

--------------------------------------------------------------------

--------------------------------------------------------------------

--------------------------------------------------------------------

## Exercise 6 | ケーススタディ　スケジュールにおける優先順位

　次の状況をよく読んで、あなたならどのように会議の出席者をアレンジするか考えてみましょう。

状況

> 　月曜の朝、あなたは倉田部長に呼ばれて、次のように指示されました。
> 「あのカセットを改良した新製品のオークのことだが、売れ行き不振なのでそれについて会議を開こうと思う。出席してもらいたいのは、
> 中村マーケティング部長
> 佐野経理課長
> 石川営業担当課長
> 丸山営業課員
> ・石川課長と丸山さんには現状の説明をしてもらう。なぜ売れないのか、取扱店からの情報も聞きたいと思う。
> ・佐野課長には売上がここにきてどのくらい落ち込んでいるのか、改良する前の昨年の売れ行きとの比較も知りたいから出てもらおうと思う。
> ・中村部長にはオブザーバーとして、出席していただこうと思っている。
> 　この４人にはさっき食堂で会ったので、会議を開きたいから準備をお願いしておいたけど、日時を決めてあとで連絡すると言っておいた。
> 　この会議はどうしても今週中に開きたいと思っているんだ。今日は月曜日だね。そうすると木曜か金曜しかないな。時間は<u>１時間半</u>くらい必要だと思う。私の方は<u>木曜の10:30から１時</u>までか、<u>金曜の10時から１時</u>までだったらいつでもいいよ。あなたが自分で決めてしまってください。私はこれから出かけるから頼んだよ」

| 石川課長に都合を聞いたら | 私は木曜日は午後 1 時までＯＫです。金曜日は11:00にＡ社の高木課長との約束があるから、10:00に出掛けて帰りはすぐに戻っても12:30くらいになります。 |
| --- | --- |
| 佐野課長に都合を聞いたら | 私は木曜日11:00からだったら空いています。午後は1:30から会議が入っています。金曜日は午後 1 時からだったらＯＫです。 |
| 中村部長に都合を聞いたら | 私は木曜日は一日中代理店会議があるので、木曜はだめですね。金曜日は一日中こちらにいますから、いつでも結構です。 |
| 丸山さんに都合を聞いたら | 私は木曜日は午前中一杯顧客まわりをする予定です。金曜日は朝一番でＡＢＣ商事に行きますが、10:00頃には出社します。それから後はずっと会社にいます。 |

さて、４人のスケジュールを調整して、何曜日の何時から何時までの間、会議を開けばよいか、アレンジしてみてください。

-------------------------------------------------------------------------
-------------------------------------------------------------------------
-------------------------------------------------------------------------
-------------------------------------------------------------------------
-------------------------------------------------------------------------
-------------------------------------------------------------------------
-------------------------------------------------------------------------
-------------------------------------------------------------------------
-------------------------------------------------------------------------
-------------------------------------------------------------------------

# 第6章

# 出張

グループディスカッションしましょう

**グループディスカッションのテーマ**

「上司が出張するとき、秘書としてしなければならない業務を、自分の旅行の経験を思い出しながら、『上司の出張前』『出張中』『出張後』に分けて思いつくかぎり出してみましょう」

| 出張前 | 出張中 | 出張後 |
|---|---|---|
|  |  |  |

## 出張業務の意義

　出張の準備、出張中の事務処理または随行、事後処理の業務を的確に処理することによって、上司が出張をスムーズに遂行できるようにサポートします。

## Lesson 2　出張手配のポイント

| (1) 交通機関 | ①鉄道か、航空機か、所要時間や上司の好みに合わせて決め、早めに予約する。<br>②初めて訪問する場所の場合は、どんな交通手段が早いか調整する。航空機の場合、空港が郊外にあるので、訪問先によっては鉄道を使うほうが便利な場合もある。<br>③鉄道の場合、乗換時間をよく調べ、無駄な時間を費やさないように配慮する。<br>④航空機の場合、天候によって欠航、遅延があるので、当日必着の場合は他の手段も考えておく。 |
|---|---|
| (2) 宿泊 | ①訪問先の場所と便のよさも考慮する。<br>②出張業務の内容や、取引先へ与える影響などを考慮してホテルの格式を決める場合もあるので、ホテルや部屋のサイズなどは上司に相談する。<br>③出張先の担当者に現地への到着時間、宿泊場所などを知らせておく。 |

| | ④海外出張の場合は、特にホテルの予約確認書をもらっておくこと（担当する旅行会社を通してもらえる）。 |
|---|---|

## Lesson 3 ‖ 旅程表作成のチェックポイント

| 旅程表の記載事項 | ①業務の行動予定（訪問先、日時、所要時間）<br>②出発と帰着時間<br>③利用する交通機関の名前、列車名あるいは航空便名、ナンバー等<br>④座席ナンバー（記録しておくと急用の場合、連絡がとりやすい）<br>⑤訪問先の住所、電話番号、面会予定者<br>⑥宿泊先の住所、電話番号<br>⑦現地連絡場所の連絡者名、住所、電話番号<br>※旅程表は上司へ2部提出するとよい。1部は家族用のものとすれば長期出張の時などに便利である。 |
|---|---|

| | 交通機関 | 航空機のフライトナンバー、日時などを確認しておくことは大切。なお、航空機を乗り継ぐ場合は乗り継ぎ時間、空港の案内図なども調べておくこと。 |
|---|---|---|
| 海外旅行 | アポイントメントの確認 | 出張先で訪問する人々とのアポイントメントの再確認をしておく。確認方法は簡単な確認のメールとともに旅程表を送る方法もある。ただし、訪問先との関係にもよるので、あまり行動範囲を知られたくない相手には確認のみのメールを送っておく。 |
| | 旅程表に付け加えるもの | ・現地の日本大使館の所在地、電話番号<br>・利用する航空会社の所在地と電話番号<br>・帰国のため、搭乗する国際線の航空会社に予約確認するための、その航空会社のURLか現地国際線カウンターの電話番号<br>・日本に電話する際に使う日本の国番号<br>・現地での注意事項 |

# Exercise 1 | 旅程表の作成

〔問題〕　　　あなたの上司は下記のように○月○日から○日まで福岡と大阪へ出張することになりました。インターネットで交通機関を調べて出張旅程表を作りましょう（★は調べる項目）。座席は普通指定席で可。また、仮払請求のため出張費の概算を計算しましょう。なお、このスケジュールはいくつか不明の点があります。先生に質問してください。

〔出張予定〕　○月○日（○）★福岡空港に１４：３０頃到着するように東京から飛行機で出発。出発30分前には搭乗手続きを済ます。福岡支社の山田氏が出迎える予定。
　　　　　　　１５：３０〜１７：３０　九州地区代表者会議
　　　　　　　　　　　　　　　　　於：ＡＢＣ会館

　　　　　　　　　　　　資料：報告レポート
　　　　　　　　　　　　ＡＢＣ会館からＫホテルまでは車で１５分程度。
　　　　　　　１８：３０〜２０：３０　九州地区代表者懇談会
　　　　　　　　　　　　　　　　　於：Ｋホテル
　　　　　　　　　　　　　　　　　福岡市博多○−１　ＴＥＬ092-○○○-0101
　　　　　　　　　　　　　　　　　泊：同上のＫホテル
　　　　　　　　　　　　　　　　　１泊25,000円（税・サービス料込み）。
　　　　　　　　　　　　　　　　　フロント担当：大野氏

　　　　　　　○月○日（○）★大阪に１１：００頃到着するように福岡から飛行機で出発。Ｋホテルから福岡空港までは車で２０分程度。
　　　　　　　大阪空港には大阪支社の本田氏が出迎える予定。空港から昼食会の場所「花野屋」までは車で３０分程度。
　　　　　　　１２：００〜１４：００　四菱電気（株）大阪支店長　河野栄作氏と昼食会
　　　　　　　　　　　　　　　　　同伴者：当社大阪支店長　紺野氏
　　　　　　　　　　　　　　　　　於：料亭「花野屋」
　　　　　　　　　　　　　　　　　大阪市東区本陣○-3-1　ＴＥＬ06-○○○-3278
　　　　　　　　　　　　　　　　　花野屋から大阪支社までは車で１５分程度。
　　　　　　　１５：００〜１７：００　大阪支社営業会議
　　　　　　　　　　　　　　　　　同席者：紺野大阪支社長　池田大阪支社部長
　　　　　　　　　　　　　　　　　於：大阪支社
　　　　　　　　　　　　　　　　　大阪市淀区寺町○-1-1　ＴＥＬ06-○○○-3121
　　　　　　　　　　　　　　　　　資料：会議資料
　　　　　　　★営業会議が終わり次第、新大阪から東京へ向けて新幹線で出発。

〔旅程表への記入〕　　今村専務出張旅程表（〇月〇日〜〇月〇日）

| 月日 | 時刻 | 列車・航空機名 | 予　　定 | 備　　考 |
|------|------|----------------|----------|----------|
|      |      |                |          |          |

出張費概算

| | |
|------|--|
| 交通費 | |
| 宿泊費 | |
| 合計 | |

## Exercise 2　ケーススタディ　上司の指示が内規に触れた場合

次のケースを読んで、あなたならどうするか考えてみましょう。

〔ケース〕　　常務が特殊プロジェクトの件で丸山さんと吉井さんを出張させることにしました。この特殊プロジェクトは社運をかけた重要なものです。
　　　「ではご苦労だけど行ってきてください。今回はグリーンを使っていいですよ」と常務はふたりにおっしゃっていました。
　　　そこで常務の秘書は総務の切符担当のところに行きました。この会社では出張はすべてこの切符担当に頼んで手配することになっています。秘書が用件を言い、二人の名前でグリーン券を申請しました。
　　担当：「丸山さんと吉井さんは管理職ではないので、内規によってグリーンはだせません」
　　秘書：「でも常務がおっしゃっていますので、出して下さい」
　　担当：「内規があるので、困ります」
　　　最後には押し問答になってしまいました。
　　　あなたが常務の秘書なら、このような状況の場合、どうしますか？　グループディスカッションをして意見をまとめてください。

〔意見〕
--------------------------------------------------------------------------------
--------------------------------------------------------------------------------
--------------------------------------------------------------------------------
--------------------------------------------------------------------------------
--------------------------------------------------------------------------------

## Exercise 3　社長の代理で社用車に乗る場合の座る席は？

次のケースを読んで、あなたならどうするか考えてみましょう。

〔ケース〕　　社長が急に行けなくなったので、秘書のあなたが社長の代わりに東京から高崎に出張することになりました。大事な機密書類を運んでその説明もしなければなりませんし、重いサンプルも持参しなければならないので、社長車を使うように指示されました。
　　　運転手が社長車を運転してきました。この場合、あなたは秘書としてどこに座るのが適切でしょうか。グループディスカッションをして意見をまとめてください。

〔意見〕　　どこに座りますか。

--------------------------------------------------------------------------------

〔その理由〕

--------------------------------------------------------------------------------

--------------------------------------------------------------------------------

--------------------------------------------------------------------------------

--------------------------------------------------------------------------------

--------------------------------------------------------------------------------

--------------------------------------------------------------------------------

# 第7章
# ファイリング

# ファイリングを学ぶ意義

　仕事をする時に必要な書類をすぐに取り出し使用できることは、業務を正確・迅速に進めていく上で重要なことです。それをするためにこれから学ぶファイリングの基本ルールがあります。

## Lesson 1　ファイリングとは

　組織における業務の経験をすべて公的な経験記録の書類として、一定のルールに従って分類・整理・保管し、必要な時に検索・利用して、業務に役立てることである。

## Lesson 2　ファイリングの流れ

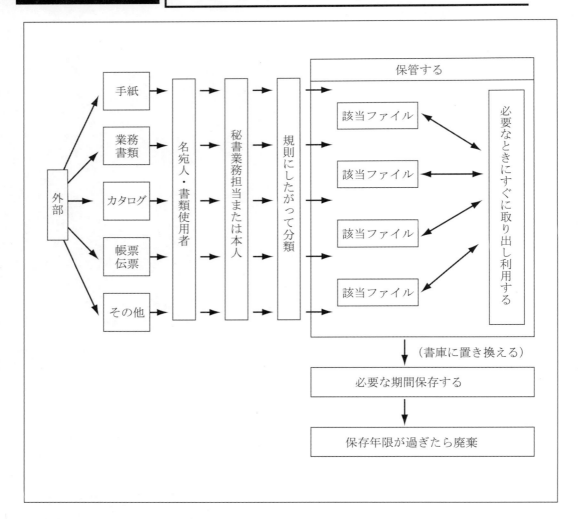

## Lesson 3　分類の方法

| 整理の名称 | 方法 | 例 |
|---|---|---|
| ①名前別整理 | 相手先の名前をそのままファイルのタイトルにする方法。その相手先から受信したもの、発信したもののコピーなどすべて一緒に同じフォルダーにまとめておく。 | 社外＝ＡＢＣ商会、二菱銀行 社内＝広報部、人事部など |
| ②主題別整理 | 文書や資料の主題をファイルのタイトルにする方法。何について書かれているのか、その内容でまとめる。文書に書かれた件名の場合もあるし、物品名の場合もある。 | 部長会、贈答用リスト |
| ③一件別整理 | 工事、特許、訴訟、許認可、取引など、ひとつの案件の最初から最後までの書類、資料などを一案別にまとめる。その案件名がファイルのタイトルになる。 | 体育館工事、米国出張（20XX年５月）など。 |
| ④形式別整理 | 内容が異なっていても同じ形式、書式で書かれているものをまとめる。その書類形式の名称がファイルのタイトルとなる。 | 組織変更通知、祝電など |
| ⑤標題別整理 | 件名が同一でいつも決まっているものをまとめる。その書類に印刷されている標題名がファイルのタイトルとなる。 | 納品書、見積書、会議室使用申込書など |

## Lesson 4　ファイリングの方法

| 名称 | 意味 | 例図 |
|---|---|---|
| ①バーティカル・ファイル（垂直ファイル） | 図のように現在一般的に各所で使用されているファイルである。書類を入れたファイル・フォルダーをキャビネットの引き出しの中に垂直に立ててファイルすることからこの名がついている。しかし、キャビネットを引き出すときのスペースが必要なので、キャビネットの前に何も置けない。 | |
| ②オープン・シェルフ・ファイル（棚ファイル） | 棚の上にフォルダーを立ててファイルしておく。仕切りや区分も兼ねてファイル・バインダーやファイル・ボックスに書類を立ててファイルしておく場合もある。扉がある場合もあるし、ない場合もある。長所は床から天井まで棚を付けられ、スペースをとらず、コストも比較的かからない。タブに書く見出しは裏表書いておくと、どちらの側からも探しやすい。 | |

ファイリング用品

| 名称 | 意味 | 例図 |
|------|------|------|
| ①個別フォルダー | 分類した最も小さなグループの文書を入れるもの。 | |
| ②雑フォルダー | 文書をグループ分けした後、独立した個別フォルダーを作るほどの文書枚数がない場合、まとめて入れるもの。一つの雑フォルダーに数種のグループの文書が入ることになる。 | |
| ③ガイド | ファイルを分類し、探しやすくするためにファイルの間に立てる見出し。第1ガイドは大分類、第2ガイドは中分類となる。 | |
| ④貸出ガイド | フォルダー内から文書を取り出し一時的に借りる場合はフォルダーの中に貸出ガイドを差し込んでおく。だれがいつ文書を持ち出したかを記入しておくので、文書が紛失する恐れがない。取り出した書類は持出しフォルダーに入れて運ぶ。 | |
| ⑤ラベル | フォルダーに入れた文書のタイトルを書き、フォルダーのミミ（タブともいう）に貼る紙。検索しやすくするためのもの。 | 勤労課 人事課 総務課 |
| ⑥ハンギングフレームとハンギングフォルダー | 枠にフォルダーをつり下げ、キャビネットの引出しに入れて整理しやすくしたもの。かさばったファイルやサイズの違う資料でも適する。 | |
| ⑦バインダー | 文書に穴をあけ、あるいは押さえて綴じるもの。頻繁に差し替えたりしない文書、続き番号や順番を固定化した方がよい文書、セットで使用することが多い文書などに適している。 | |

## Lesson 6 | 書類の保管・保存・廃棄

企業内の書類の多くは保管・保存しなければならない期間が定められている。従って個人の判断で勝手に廃棄してはいけない。

| 保管 | 使用頻度の高い書類を分類・整理して、必要なときにすぐに取り出せるように管理しておくこと。 |
|------|------------------------------------------------------------------------------------------------|
| 保存 | 使用頻度の下がった書類を定められた期間、書庫などに管理しておくこと。 |
| 廃棄 | 定まった保存期間を過ぎた書類を廃棄すること。廃棄は上司の指示に従い、書類裁断機を使用するか、または焼却するなどの方法がある。 |

### 一般的に行われている文書の保存年限の例

| 永久保存 | 定款、株主総会関係、株主名簿、取締役会議事録、登記、特許など。 |
|----------|----------------------------------------------------------------|
| 10年保存 | 貸借対照表、損益計算書、営業報告書、決算書など。 |
| 7年保存 | 仕訳表、現金出納帳、領収書、請求書、契約書など。 |

## Exercise 1　主題別分類の練習－件名のない手紙を速読して主題別に分類する

〔手順〕
① 制限時間１５分。
② 次の３つの文書を速読し、それぞれの手紙の中でポイントと思われる箇所にアンダーラインを引く。
③ アンダーラインに従い、各文書に件名を付ける。
④ 件名に基づき、下欄のファイルの主題から最も適するものを選び、そこにファイルすることを決定したら３つの手紙の□欄に番号を書き込む。

〔手紙　１〕
件名 □

拝啓　時下益々ご隆盛のこととお慶び申し上げます。
　日頃はお世話になりまして感謝いたしております。
　さて、先日弊社のお得意様が来社され、下記の貴社の製品が修理できるかどうか問い合わせがございました。至急ご返答願えれば幸いです。　　　　　　　　　　　　敬　具
記
　製品名：２０XX年型テレビ　（ABC－456）
　故障状態：画面が映らない
　担当：山田夕作　電話03-3555-8888
以　上

〔手紙　２〕
件名 □

拝啓　貴社益々ご繁盛のこととお慶び申し上げます。平素は何かとご配慮に預かりお礼申し上げます。
　おかげさまで最近は弊社の業績も伸びており、特に新製品の「クール」は発売以来、注文が倍増しております。これも皆様のご愛顧の賜物と深く感謝しております。
　そこで弊社では「クール」の記念頒布会を催したいと存じ、その方策を練っているところでございます。顧客の皆様のご希望を多く盛り込みながら実のある頒布会にしたいと存じ、皆様からのご意見やご希望を募っているところでございます。
　つきましては、担当者が貴社を訪れた際にはぜひ、忌憚のないご意見をお聞かせいただきたく存じます。なお、記念頒布会は別途ご案内させていただきます。
　今後とも変わらぬご愛顧を重ねてお願い申し上げます。
敬　具

東京株式会社　御中
大和製作所　管理部
拝啓　時下益々ご繁栄のこととお喜び申し上げます。平素は何かとご厚情を賜り厚く御礼申し上げます。
　さて、先般お問い合わせの新製品のカタログを送りましたところ、早速にご注文をいただきましてありがとうございました。
　本日下記のとおり発送いたしましたのでご報告申し上げます。　　　　　　　敬　具
記
　１　製品名：RX型－0941
　２　数量：　１００
　なお、このRX型－0941の製品につきましては、今後当社関連会社の日本商事が取り扱わせていただくことになりました。住所・電話番号は次のとおりです。
　なにとぞよろしくお願い申し上げます。

日本商事株式会社　担当　総務部　山田恒夫
　〒104-0061　東京都○○区銀座２－２－２
　電話 03-3245-8888
以　上

〔手紙　３〕
件名 □

### 分類主題

1　クレーム
2　注文・納品
3　礼状
4　照会
5　依頼
6　PR
7　大和製作所
8　日本商事

| クロス・リファレンス・ファイル（交差関連ファイル） | どちらにファイルするか迷うような主題が2つ以上ある書類の場合、オリジナル書類一式を主となる主題と思うフォルダーにファイルし、他のフォルダーには書類の第1頁のコピーをファイルする。そのとき、そのコピーにオリジナル書類のファイル場所をメモしておく。または図のような用紙を作り、該当ファイルに貼付しておく。このことを交差関連ファイル（Cross Reference File）という。 |
|---|---|

交差関連ファイル
年月日
オリジナルファイルの場所

## Lesson 7　名刺のファイリング

　名刺はカードや住所録に転記して、名刺自体は破棄する方法もありますが、ここでは名刺そのものをファイルする方法を考えましょう。

(1) 整理の方法…箱型とアルバム型がある。それぞれの長所と短所をよく調べて自分に合ったものを使用する。

| 整理法 | 長所 | 短所 |
|---|---|---|
| 箱型 | 項目別に前後を気にせず、枚数を増やせる。 | 並べ方に注意しないと探すのに時間がかかる。 |
| アルバム型 | 開けば瞬時に目に入る。 | 項目別の増加に対応しにくい。 |

(2) 分類の方法…一般的に次の3方法がある。

| ①業種・分野別 | 金融、薬品、製造、サービスなどの業種別、または同業者、プライベートなどの分野別にして、それぞれを五十音順、アルファベット順にする。 |
|---|---|
| ②企業名別 | 企業名で五十音順、アルファベット順。 |
| ③名前別 | 五十音順、アルファベット順。 |

(3) 情報源とする…受け取った名刺に以下のように情報を書き込んでおく。次の面談のとき、情報として使える（本人の前で情報を書き込むのは失礼）。

- ・名刺を受け取った日時
- ・面談日
- ・場所
- ・同行者
- ・出席者
- ・用件（分かった場合）
- ・連絡者（相手社の秘書名など）
- ・外見などの様子

(4) 古くなった名刺の処理…古くなった名刺とは、所属先、役職、所属部門などが転職や昇進などにより変更し、新しい名刺をいただいた場合の以前の名刺のこと。この処理の仕方は古い名

刺もファイルしておくか、廃棄するかであるが、次のことを考慮し、必要に応じて処理する。

| 処理の方法 | メリット | デメリット |
|---|---|---|
| ファイルしておく | ・その人の前の所属、業務を知りたくなったときなどに便利。<br>・その人に話題を提供するとき、仕事、趣味、共通の知人など、名刺に書いてある情報が役立つ。 | ・すぐにスペースが一杯になる。<br>・月日を記入しておかないと新しい名刺と混乱する。 |
| 廃棄する（紙切断機を使用するか、焼却） | ・省スペースに役立つ。<br>・新旧の混乱が生じない。 | ・過去の歴史を知りたいとき、困ることがある。 |

(5) パソコンなどの利用…名刺整理用のアプリなども市販されている。いったん入力してしまうと、改訂・増加には非常に便利である。

## Exercise 2　名刺に情報を書き込む

〔手順〕

　先生が読み上げる情報の中から必要な項目をピックアップして、次の名刺の余白に書きなさい。

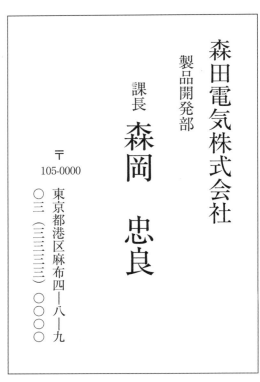

# 第8章
# 会議・会合

# 会議・会合を学ぶ意義

　企業における会議は意思決定、業務の企画、情報の交換、連絡、研究及び打合せなどのように、ある目的をもって開催される。従って会議・会合の準備や事後処理に手落ちがあると、その目的を達成させることができない。そのために本章を学ぶ必要がある。

## Lesson 1　会議・会合

### 1　会議・会合の意味

| 会議 | 意思決定、企画、研究、情報交換、連絡などの目的をもって関係者が集まること |
|---|---|
| 会合 | 会議とほぼ同じ意味あいを持つが、一般的に会議よりも社交的性格が強い |

### 2　会議・会合の種類

| (1)社内会議 | 社内的に開催される会議<br>　　（例）①株主総会　②常務会（または役員会）③取締役会<br>　　　　　④部長会議　⑤部門会議　⑥その他 |
|---|---|
| (2)社外会議 | 社外的に開催される会議<br>　　（例）・新年名刺交換会　　・新製品発表説明会<br>　　　　　・他社との企画会議　・代理店打合せ会議　・その他 |

## Lesson 2　全社的な会議の種類

| 株主総会 | ・株主（出資者）による企業の意思決定のための会議。定期総会（年に一度、決算期ごとに開催される）と、臨時総会（必要に応じて臨時に開催される）とがある。<br>・会社側の出席者は取締役全員と監査役である。<br>・報告事項は決算締切日現在の貸借対照表ならびにその期の損益計算書及び営業報告書など。<br>・決議事項は利益の処分または損失の処理に関する議案、取締役と監査役の選任、報酬の決定、株主の配当その他である。 |
|---|---|
| 常務会<br>（役員会） | 社長、副社長、専務取締役など、常務取締役以上の会社役員で構成される。事実上の最高意思決定機関であり、数多くの戦略的意思決定や基本方針が定められる。 |
| 取締役会 | 商法上の規定によって、取締役全員と監査役で構成される。企業の経営の基本方針に関する一次的意思決定をすることが多い。 |

## Lesson 3　上司が出席者として参加する場合

| 会議の種類 | ポイント |
|---|---|
| (1)社内会議 | ①会議は出欠が決定した時点でスケジュール表に記入しておく。<br>②準備する資料は、上司に目を通してもらう時間を含めて、遅くとも会議の前日までには完了する。<br>③前日に会議の主催者側に連絡し、会議室・時間などを再確認する。<br>④上司が会議出席中、急用で連絡しなければならないときは、主催者側の秘書を通してメモを渡す場合もあるし、それぞれの担当秘書が会議室に入って渡す場合もある。 |
| (2)社外会議 | ①通知を受け、上司が出席すると決まったらただちにスケジュール表に記入しておく。<br>②出欠を先方に知らせる。<br>③準備する資料があれば遅くとも2日前には完成させ、上司に目を通してもらう。社内会議と違い、資料の内容にも配慮が必要であるし、上司が急に外出しなければならない場合も出てくるので余裕をもっておくこと。<br>④運転者にも早めに連絡し、時間と場所を知らせ、道順や所要時間などを検討しておいてもらう。<br>⑤会議の前日に先方へ会場・時間・資料などを再確認をして、上司にも念を押しておく。<br>⑥当日の朝は資料、通知書、持参する資料などを忘れぬように上司に渡す。祝賀会その他の式典など個別のナンバーが記された封筒を受付係が必要とするときもあるので、念のために渡しておく。上司の名刺の枚数も不足しないように確認する。<br>⑦会議終了時の迎えの車の場所、時間（ホテルなら配車呼び出してくれるので問題ない）など確認し、上司にもその旨知らせておく。 |

## Lesson 4　上司が主催する会議の場合

### 1）会議の準備

| プロセス | ポイント |
|---|---|
| ①上司より会議開催予定の連絡を受ける<br>↓ | |
| ②会議に必要な人物の都合を聞き、日時を設定<br>↓ | ・会議の目的を把握すること。<br>・日時の設定には会議に必要な人物の出席可能日を優先する。 |
| ③出席予定者にアポイントメントをとる<br>↓ | ・書面で連絡する前にとりあえず連絡し、各人のスケジュールを押さえておく。 |

| | |
|---|---|
| ④会議室の選定 | ・人数、会議の目的、所要時間などに従って早急に予約する。 |
| ↓ | |
| ⑤案内状（通知状）の作成 | ・社外の会議室を利用する場合は交通の便を考慮し、駐車場の有無も確認しておく。<br>・案内状に記載する項目は次のとおり。（案内状の作り方はビジネス文書参照）<br>　・宛て先、受信者名　発信者名　・作成年月日　・会議の名称<br>　・開催日時（開始時刻と終了時刻）　・議題（趣旨、テーマ）<br>　・開催場所（略図を添付、最寄り駅からの所要時間も記す）と<br>　　電話場号（社内会議の場合は会議室番号）<br>　・講師が出席する場合はその氏名、役職など<br>　・必要経費<br>　・出欠の確認と締切日<br>　・主催者側の連絡先、担当者名、電話番号 |
| ⑥出欠の確認 | ・社外会議の場合の出欠の返事は返信用はがきを用いる。メールでの確認も可。<br>・社内会議で多人数の場合は通知状の下部に切り取り線をつけ、出欠のどちらかに〇印をつけ、氏名を書いて返却してもらうと整理しやすい。 |
| ↓ | |
| ⑦出席者リストの作成 | ・必要ならネームプレートも用意。 |
| ↓ | |
| ⑧資料作成（会議のプログラムも含む） | ・早めに作成する。<br>・配布資料は少し多めに印刷しておく。 |
| ↓ | |
| ⑨会議室の準備 | ・必要に応じて食事の手配。<br>・マイク、ＰＣ、プロジェクター、黒板または白板、マジックペン、水差し。<br>・お茶の準備。<br>・空調、照明、換気のチェック。<br>・机の配置（並べ方は上司と相談）。p. 93参照。<br>・社外の会議室使用の場合には事前に出向き、必要事項をチェックしておく。 |
| ↓ | |
| ⑩会議に必要な人物へ出席の再確認 | ・本人がうっかりしている場合もあるので再確認する。 |

## ２）当日の心得

| プロセス | ポイント |
|---|---|
| ①開始前の会議室のチェック<br>↓ | ・必要なら席順の指示に従ってネームプレートを準備。 |
| ②（社外の場合は必要に応じて）受付確認<br>↓ | ・出席者リストでチェック。 |
| ③ご案内<br>↓ | |
| ④会議開催<br>↓ | ・時間確認。 |
| ⑤会議中の業務<br><br>↓ | ・時間に応じて茶菓、食事の手配。<br>・会議室内外の連絡（電話取次ぎをどうするか事前に決定）。<br>・議事進行のアシスタント（ＰＣ、プロジェクター、照明など）。 |
| ⑥（指示を受けたとき）議事録の作成 | ・議事録をとる場所は目立たなく、しかも全員が見える場所が望ましい。<br>・場合によっては許可を得た上でレコーダーを用意。<br>・議事録の記載事項は次の通り。<br>会議名、開催日時（開始時刻と終了時刻）、開催場所、議題、議長名、出席者名、欠席者名、発言内容と発言者名、経過、結論、決定事項、次回予定、議事録作成者名など<br>・作成者の主観が入らないように注意する。<br>・議題によっては必ずしも全部記載する必要はない。従来のものを参考にする。 |

## ３）事後処理

| 内容 | ポイント |
|---|---|
| ①電話等の伝言を伝える<br>↓ | |
| ②預かり物の返却、忘れ物の確認<br>↓ | |
| ③車の手配<br>↓ | |
| ④会議室の後片付け<br>↓ | |
| ⑤議事録の作成（指示を受けたとき）<br>↓ | |
| ⑥議事録の発送 | ・上司の許可を得ること<br>・当日の欠席者には会議の配布資料も添付 |

## Exercise 1　上司が開催する会議のチェックリストを作る

　会議はすでに上司が開催日を決定している場合と、参加者の都合を聞いて設定する場合があります。前者はそのときに出席可能な人が参加し、不可能な人には後で議事録を送る等で対応できます。問題となるのは後者で、参加予定者ができるだけ多く出席できるように調整することが必要です。

　ここでは、そのケースについて学びましょう。

　次のチェックリストを作ってみましょう。

---

　今日は６月２日です。あなたは営業本部長の秘書です。本部長が支店長会議を開くことになりました。指示は次のとおりです。

　「支店長の人数は全部で２０人だが、できるだけ皆が出席できる日を選んでください。支店長の中には遠くから来る人もいるので、時間は11：00～14：30くらいがいいでしょう。特に支店長の田中さんと鈴木さんには市場調査について報告してもらいたいから、事前に発表の要約をもらって、全員分コピーしてください。報告はプロジェクターを使って１人１５分くらいプレゼンテーションしてもらいたいね」

---

(1)本部長の指示にはいくつか足りないものがあります。あなたがチェックリストを作るに際して、必要と思われる情報を得るために先生に質問しましょう。

-------------------------------------------------------------------

-------------------------------------------------------------------

-------------------------------------------------------------------

-------------------------------------------------------------------

-------------------------------------------------------------------

-------------------------------------------------------------------

(2)会議開催の前日までのチェックリストを仕事の流れに沿って作ってみてください。

**仕事の流れに沿ったチェックリスト**

---

## Exercise 2　議事録を作る

あなたは今日行われる会議に出席し、議事録を作るように上司に指示されました。会議は次のとおりでした。議事録を作ってください。

議事録の作成日　○年○月○日（○）（会議の翌日）

作成者　　　　　あなたの名前

会議の日時　　　○年○月○日（月）10：00〜11：30

場所　　　　　　当社第6会議室

会議名　　　　　厚生課定例会議

出席者　　　　　鈴木課長、北野課長代理、中本課長代理、大宮主任、あなたの名前

議題　　　　　　全社健康診断計画について

会議の内容

　　　　秋に行われる全社定期健康診断について大筋が決まった。日時は10月25日（金）で、健康診断の内容は昨年と同じだが、成人病の検査も盛り込むことになった（詳細については次回検討）。鈴木課長から社員の参加率を昨年の75％から90％にするための具体的な対策を次回の会議までにそれぞれ考えてきてほしいと要請があった。配布資料は昨年の全社定期健康診断計画と実施状況。次回の定例会議は○月○日（○）（会議の1か月後）10：00〜12：00に決まった。

次の欄に議事録を書いてみましょう。

# Lesson 5 その他の留意事項

## 1）机の配置

| 名称 | 並べ方 | 特徴 | 適する会議の内容 | 人数 |
|---|---|---|---|---|
| ①円卓型 | | 対面で平等に意見を交わしやすい。どの席からも全員の顔が見える。 | 企画、連絡、トップ会談など | 小 |
| ②V字型 | | ・どの席からもスクリーンや黒板が見える。<br>・どの席からも互いの顔を見て意見を交わせる。 | ・研修、報告、発表、ブレーンストーミングなど | 小 |
| ③変形V字型 | | ・特徴はV字型と同じ。<br>・V字型よりも人数が多い場合 | 研修、報告、発表など | 小中 |
| ④コの字型 | | ・部屋が正方形で広い場合。<br>・席によってはスクリーンなどが見にくく、顔が見えない人が出てくる。 | 研修、報告、発表など | 小中 |
| ⑤ロの字型 | | ・対面で意見を交わしやすい。<br>・どの席からも全員の顔が見える。 | 会議、企画、連絡など | 小中大 |
| ⑥教室型 | | ・正面に立った人が全員の顔を見やすい。<br>・情報伝達に適する。 | 発表会、報告会、講演会、株主総会など | 小中大 |

## 2）会議室の席順の基本例

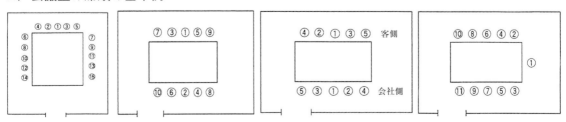

## ３）会議用語

| 用語 | 意味 |
|---|---|
| 議案 | 会議で審議するために提出される事柄。 |
| 提案 | 会議にかけるため、議案を出すこと。 |
| 発議（ハツギ、ホツギ） | 会議で意見や議案を出すこと。 |
| 採決 | 議長が会議のメンバーに挙手、起立、投票などによって意思表示させ、議案に対する賛否をとること。 |
| 議決 | 討議して決めること。採決の結果決めること。 |
| 表決 | 議案に対して可否の意思を表して決定すること。 |
| 議決機関 | 会社などの法人で多人数の合議による一定の事項について意思の決定をする機関。株主総会など。 |
| 採択 | いくつかの提案の中からいいものを取り上げること。 |
| 定例会議 | 規則、慣行で一定の日時と場所で報告や審議をする会議。 |
| 分科会 | 全体会議の下に設けられた分野ごとの小会議。 |
| 諮問・答申 | 決定に先立って専門知識を有する者にその見解を尋ねることが諮問。その回答が答申。 |
| 動議 | 会議の議題を臨時に出すこと、またその議題。 |

参考「日本語大辞典」（講談社）より

## Exercise 3　ケーススタディ　稟議書の回し方

稟議の意味…会議にかけるほどのことでもない案件に関して伺いの文書を作成して、関係者に回して承認の印をもらうこと。この書類を稟議書という。

あなたの上司は経理部長で、一週間の予定で今朝出張に行きました。午後になって次のような稟議書が回ってきました。あなたはどうしますか。あなたのとる行動を書いてください。

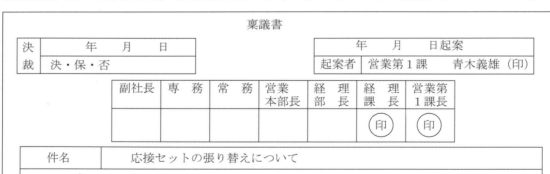

稟議書

| 決裁 | 年　月　日 決・保・否 | | | | 年　月　日起案 起案者　営業第１課　　青木義雄（印） | | | |
|---|---|---|---|---|---|---|---|

| 副社長 | 専　務 | 常　務 | 営業本部長 | 経理部長 | 経理課長 | 営業第１課長 |
|---|---|---|---|---|---|---|
|  |  |  |  |  | （印） | （印） |

| 件名 | 応接セットの張り替えについて |
|---|---|

現在使用中の応接セットが老朽化したため、下記のとおり張り替えてよろしいか伺います。
記
1　張り替え対象：応接室の長椅子１脚、肘掛け椅子２脚
2　張り替え費：　長椅子　５万円×１脚　肘掛け椅子　２万円×２脚　合計９万円
　　　　　　　　見積書添付
3　張り替え期間：発注して１週間　　　　　　　　　　　　　　　　　以　上

## Lesson 6　会議・会合の諸形態

| ブレーンストーミング | 数人が集まって、ある問題についてアイデアを出し合う集団思考を求める会議。ブレーンストーミングとは直訳すると頭の中の嵐で、自由発想と連鎖反応を起こして自由奔放なアイデアを出すための会議である。<br>【ブレーンストーミングの規則】…アイデアをはばむものを排除する。<br>・いい悪いの批判はしない<br>・自由奔放を歓迎する<br>・量を求める<br>・他人のアイデアの改善・結合を求む |
|---|---|
| バズ・セッション | 小集団に分かれての活発な討議。一見全体は無秩序で混乱しているようで、あたかも蜂の群れがブンブン言っているような観があるので、バズ・セッションと呼んでいる。時間がきたら、小集団ごとに結論を発表し、それについて質疑応答していく。（バズ＝buzz　蜂・機械などがブンブンいう音） |
| パネル・ディスカッション | 討議する問題について、通例数人の対立意見の代表者が聴衆の前で議論を交わすこと。討論の後、聴衆からの質問を受け、それについてパネルメンバー（パネリスト・討論をする人）が解答したり、あるいは再びパネルメンバー相互の間で討論することによって応答する形をとる。このように聴衆と討論する者との一体感が深められ、全員参加の形式で討論が進められる。 |
| シンポジウム | （古代ギリシアで饗宴の意）討論の一形式。二人またはそれ以上の人が、同一問題の異なった面を示すように講演或いは報告し、それぞれ意見を述べ、聴衆または司会者が質問し、講演者がこれに応答するという方式のもの。パネルディスカッションと異なる点は、パネルディスカッションでは討論する者が相互に討議して結論を導くが、シンポジウムでは、討論する者は独自の分野から議題に関する専門的意見を述べるという点である。シンポジウムでは、討論者の間に意見の衝突はなく、相互の討論もあまり行われない。 |
| フォーラム | もともとは古代ローマ時代の公共広場の意。公開討論会のことで、講義形式のレクチャー・フォーラム、賛成派と反対派に分かれて討論するディベイト・フォーラム、討議と映画を併用するフィルム・フォーラムなどがある。 |

【参考】日本産業訓練協会編「会議指導法」、「広辞苑」

# 第9章
# ビジネス文書

# ビジネス文書を学ぶ意義

ビジネス文書は組織活動の順調な継続・発展のために必要なコミュニケーションを円滑にするための重要な手段です。そのためにこれから学ぶビジネス文書の基本知識があります。

## Lesson 1　ビジネス文書の意味と特徴

| 意味 | ビジネスの場で使われる紙に書かれた（印刷された）ものすべてをいう。 |
|---|---|
| 特徴 | 1) 組織としての公の意思表示である。<br>2) 作成の目的が明確である。<br>3) 保存する記録としての重要性がある。<br>4) 一定の基本書式がある。 |

## Lesson 2　ビジネス文書の種類

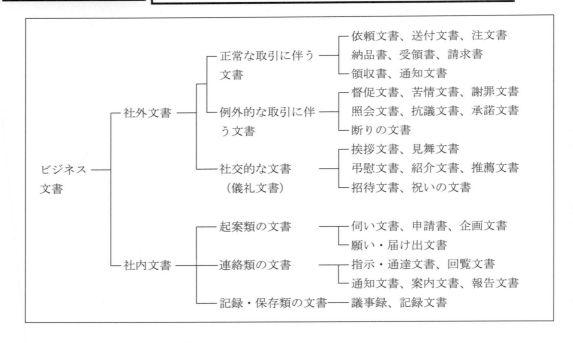

# Lesson 3 | ビジネス文書作成の心得

| 心得 | 具体的なポイント |
|---|---|
| (1) 正確・簡潔に書く | ①箇条書きできるところは箇条書きにする。<br>②５Ｗ２Ｈでポイントを押さえる。<br>③必要に応じて件名をつける。 |
| (2) １文書に１件（一件一葉） | |
| (3) 儀礼文書以外は一般的に横書きで書く | |
| (4) 分かりやすく書く | ①難しい言葉や相手に分からない専門用語はできるだけ使わない。<br>②短文で書くことを心がける。 |
| (5) 権限を委任されていても発信前には上司の承認を受ける | |
| (6) 正式な文書の場合は必要に応じて発信側の押印をする | |

# 社外文書の書式

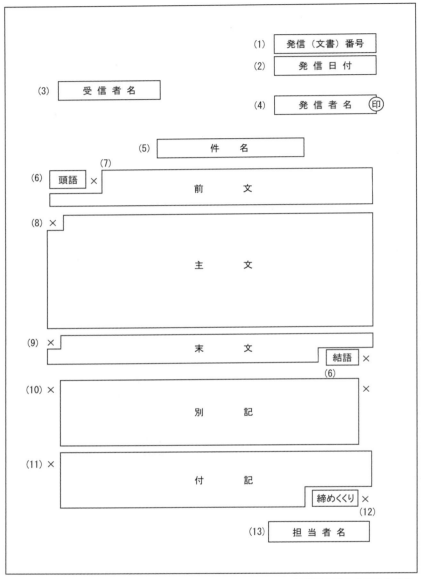

×印は1字分のアキを示す

■各項目の説明と例

| 各項目 | 説明 | 例 |
|---|---|---|
| (1)発信<br>(文書)番号 | 発信部署を区別し、文書の整理のために番号をつける。礼状や見舞状などの社交文書にはつけない。最近は | 総秘XX-45（総務部秘書課20XX年45号） |

| | | |
|---|---|---|
| | 記載しない場合も多い。 | |
| (2)発信年月日 | 作成の日ではなく、発信の日。 | |
| (3)受信者名 | 敬称は正式に書く。 | 会社・団体宛て…「御中」<br>同一文書を多数に同時に発送する時…「各位」<br>役職名のみ…「殿」<br>氏名…様 |
| (4)発信者名 | 責任者の所属、役職、名前を書き、社印か役職印を押す。 | |
| (5)件名 | 文書の内容の要約。 | 新製品発表会のご案内について、第6回営業会議開催の通知 |
| (6)頭語と結語 | | 一般的な場合…拝啓←→敬具<br>返書の場合……拝復←→敬具<br>丁重な場合……謹啓←→敬白<br>事務的な場合…前略←→草々 |
| (7)前文 | あいさつ文。頭語に前略を付けた場合は省く。構成は時候のあいさつ＋安否のあいさつ＋感謝のあいさつ。 | 例：盛夏の候、貴社ますますご隆盛のこととお慶び申し上げます。平素は格別なご厚誼に預かり、厚く御礼申し上げます。<br>①時候のあいさつ<br>1月 初春の候、厳冬の候、寒さ厳しき折り、<br>2月 晩冬の候、余寒の候、立春の候、<br>3月 早春の候、春まだ浅いこの頃、<br>4月 春暖の候、桜花の候、陽春の候、<br>5月 新緑の候、薫風の候、青葉繁れるこの頃、<br>6月 梅雨の候、向暑の候、立夏の候、<br>7月 盛夏の候、炎暑の候、酷暑の候、<br>8月 （立秋後に）残暑の候、晩夏の候、<br>9月 初秋の候、新涼の候、しのぎやすい季節の折り、<br>10月 中秋の候、秋冷の候、紅葉の候、秋も深まり、<br>11月 晩秋の候、向寒の候、秋気いよいよ深まり、<br>12月 初冬の候、寒冷の候、師走の候、<br>②安否のあいさつ |

②安否のあいさつ（表）

| | | | | | |
|---|---|---|---|---|---|
| 貴社<br>貴店<br>貴行 | には | ますます | ご隆盛<br>ご繁盛<br>ご発展 | のことと<br>の由<br>の趣<br>のこと | お喜び申し上げます。<br>何よりと存じます。 |
| 各位<br>貴殿<br>皆様<br>〇〇様 | には | いよいよ | ご清栄<br>ご健勝<br>ご活躍<br>ご清祥 | | |

③感謝のあいさつ

| 平素は | ┐ | 格別の | ┐ | お引き立て | ┐ | にあずかり | ┐ | お礼申し上げます。 |
|---|---|---|---|---|---|---|---|---|
| 日頃は | | なにかと | | ご厚情 | | を賜り | | 感謝いたしております。 |
| 毎度 | | 一方ならぬ | | ご高配 | | をいただき | | |
| この度は | ┘ | | ┘ | ご配慮 | ┘ | をくださり | ┘ | |

| | | |
|---|---|---|
| (8)主文 | 用件の内容。書きはじめは「さて」。用件が複雑なときは別記に書く。 | |
| (9)末文 | 締めくくりのあいさつ文。 | まずは / とり急ぎ / 略儀ながら（儀礼文書のみ）　┐ ご通知 / ご案内 / ご返事 / お願い / ごあいさつ / お礼 ┘　申し上げます。 |
| (10)別記 | 主文に書くべき用件を分かりやすく箇条書きにしたもの。 | |
| (11)付記 | 追伸。目上には書かない。添付文書がある場合は、書類名と部数を書く。 | なお、お手数ですが、同封のはがきにて〇月〇日までにご返事をいただけますようお願い申し上げます。<br>添付書類：カタログ3部、ご招待状1通 |
| (12)締めくくり | すべての記載が終わったら「以上」と書く。 | |
| (13)担当者名 | 文書の内容に応じて担当者の名前と電話番号を書く。 | |

## Exercise 1　社外文書を作成する

①通知文を作る－電話番号の変更

　あなたの会社は電話番号が変わることになり、その通知文を社外に発送することになった。次の項目を入れ込んで、通知文を作りなさい。

　　文書番号　　　総発〇〇－10号
　　日付　　　　　　　　年4月1日
　　受信者名　　　日本（株）総務部
　　発信者名　　　東京（株）総務部

変更日　　　　　　　年4月15日（火）から
新電話番号　03−3111−2222（代）
担当　　　　総務部　岡野三郎　電話　03−3111−2222（4月14日までは03
　　　　　　−3222−4444）

②案内文を作る－創業５周年記念感謝セールのご案内
　あなたの会社（デパート）は９月１５日に創業５周年を迎えます。それを記念して、感謝セールをすることになりました。感謝セールの対象は日頃のお得意様です。あなたは上司の指示でその案内文を作成することになりました。次の項目を入れ込んで、案内文を作りなさい。

| | |
|---|---|
| 文書番号 | 営業発第２７号 |
| 日付 | 　　　　　年９月１日 |
| 受信者名 | お得意様 |
| 発信者名 | （株）サンオー　代表取締役社長　栗本明 |
| ご案内の内容 | 同年９月１５日（木）から２２日（木）までの期間、全品３０パーセントを割引すること |
| 担当 | 営業部　近藤典子　電話０３－３１１１－５５６６（直通） |

## Lesson 5　社内文書の書式

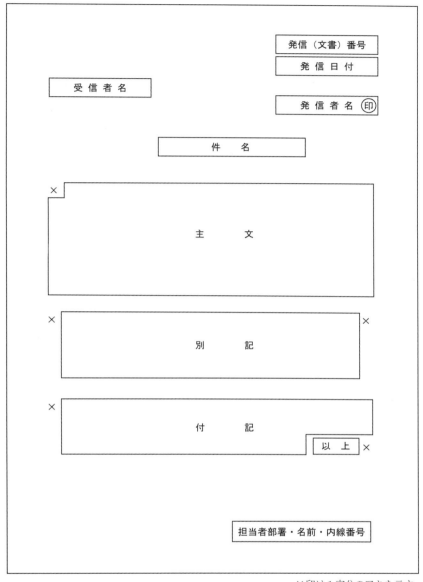

発信（文書）番号

発信日付

発信者名 印

受信者名

件　名

× 主　　文

× 別　　記 ×

× 付　　記

以　上 ×

担当者部署・名前・内線番号

×印は１字分のアキを示す

## Exercise 2　社内文書を作成する　通知文を作る－会議の通知をする

次の内容を盛り込んだ社内文書を作りなさい

文書番号　　営業発第○－７８号

発信日付　　　　　年６月２９日

受信者名　　営業課長達

受信者名　　営業部長　田口強

内容　　　　７月１０日（木）１４：００から１６：００に、第２会議室（８階）において営
業企画会議を催すこと。議題は上半期の営業成績の報告、下半期の販売割当、そ
の他である。なお資料は席上で配布する。
担当者　　　営業本部　山崎（内線６７８）

# Lesson 6　社交文書のポイント

## 1）祝儀・不祝儀の文書には忌み言葉に気をつける

| ケース | 忌み言葉 |
|---|---|
| 栄転 | 流れる／失う／壊れる／変更／中止／くずれる |
| 開店・開業 | 閉じる／倒れる／傾く／破れる／失う／さびれる／つまずく／落ちる／しまう／すたれる |
| 新築 | 焼ける／壊れる／倒れる／流れる／火／煙／飛ぶ／傾く／炎／赤 |
| 結婚・婚約 | 別れる／切れる／流れる／破れる／出る／重ねる／飽きる／冷える／去る／繰り返す／戻る／さめる／うれえる／涙／傷つく／苦しむ／返す／終わる／うすい<br>【重ね言葉】重ね重ね／またまた／たびたび／返す返す／二度 |
| 見舞い・悔やみ | 滅びる／亡びる／苦しむ／終わる／別れる／落ちる／枯れる／終わる／重なる／繰り返す／死／四／九／再び／また／なお<br>【重ね言葉】いよいよ／ますます／まだまだ／返す返す |

## 2）社交文書の種類による項目の省略

社交文書の種類によって、以下のように必要な項目を省略する場合がある。

| | 文書番号 | 発信日付 | 件名 | 前文 | 末文 | 別記 | 付記 | 同封物 | 以上 | 担当者名 |
|---|---|---|---|---|---|---|---|---|---|---|
| 挨拶状 | × | ○ | △ | ○ | ○ | △ | △ | × | × | × |
| 招待状 | △ | ○ | △ | ○ | ○ | ○ | △ | △ | × | △ |
| 祝い状 | × | ○ | × | ○ | ○ | × | △ | × | × | × |
| 礼　状 | × | ○ | × | ○ | ○ | × | △ | × | × | × |
| 見舞状 | × | ○ | × | △「急啓」なら書かない | ○ | × | △ | × | × | × |
| 悔やみ状 | × | ○ | × | × | ×書くなら「合掌」 | × | | × | × | × |

○必要　△場合によって必要　×不要

# 社交文書（儀礼文書）の書式

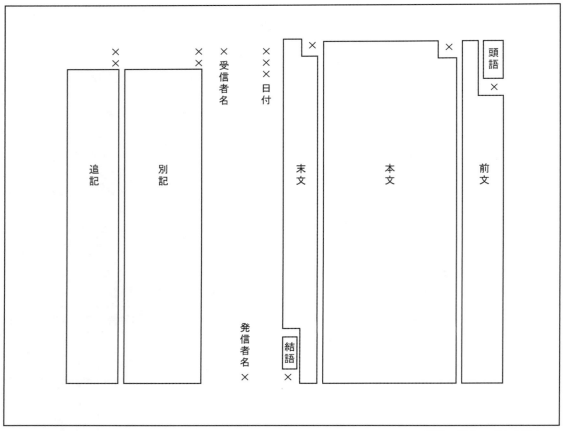

×印は１字分のアキを示す

## Exercise 3　儀礼文書を作成する

①挨拶状を作る－就任の挨拶

　あなたの部の部長が定期人事異動で代わり、あなたは新任の部長に挨拶状をつくるように指示されました。以下の項目を盛り込んで挨拶状を作成しなさい。（縦書きで書くこと）

　　発信日付　　　　　年１０月
　　発信者名　　　（株）農林金庫　総務部長　水谷義則
　　内容　　　　　・定期人事異動によって箱崎浩二（前総務部長）の後任として、私（水谷）が
　　　　　　　　　　総務部長に就任したこと。
　　　　　　　　　・微力だが、期待に沿うよう一生懸命努力したいと思うこと。
　　　　　　　　　・前任者同様のご支援をしてほしいこと。

②電報文を作る－昇進の祝いの電報

　あなたの上司の先輩が四菱（株）の取締役に昇進したという記事が新聞に出ていました。あなたは上司から祝いの電報を打つように指示されました。お祝いの気持ちを込めた電報文を作りなさい。

## Lesson 8 ビジネス文書の表現の基本

### 1）基準となる数字を含む言葉、含まない言葉

| 基準となる数字を含むもの | |
|---|---|
| ①以上・以下 | 例：18歳以上（18歳を含む）、30万円以下（30万円を含む） |
| ②以前・以後・以降 | 例：12日以後（12日を含む）、10日以前（10日を含む） |
| ③までに | 例：9月30日までに提出（30日を含む） |
| ④ら・はじめ | 例：伊藤はじめ10名（合計10名）、伊藤ら10名（合計10名） |
| ⑤足かけ | 例：平成28年から足かけ3年（平成28年から30年まで） |

| 基準となる数字を含まないもの | |
|---|---|
| ①超える・未満・満たない | 例：50万人を超えない（50万人を含まない）、30歳未満（29歳まで） |
| ②前・後 | 例：開幕前（開幕は含まない）、3月31日の前まで（3月31日は含まない） |
| ③ほか・以外 | 例：課長以外10人（合計11人）、引率者ほか5名（合計6名） |

### Exercise 4　次の例文の（　　）の中に適切な数字・言葉を入れなさい

1　社長ほか5名とは合計（　　）名である。
2　10月2日以降とは10月（　　）日からである。
3　10万円を超えない範囲とは10万円を含（　　）。
4　課長はじめ5名とは合計（　　）名である。
5　平成25年から足かけ4年とは平成25年から（　　）年までである。
6　5月10日までに提出とは5月10日を含（　　）。

### 2）数字表現の基本

| 原則 | ・縦書きは漢数字を使う。<br>・横書きは原則としてアラビア数字を使う。 |
|---|---|
| 横書きで漢数字を使う場合 | ①大きな数の単位　例：2兆4500億円、500万円<br>②概数　例：数十日、幾千年、何十人<br>③固有名詞　例：四国、三重県、九州、二重橋<br>④成語・熟語　例：第一印象、十八番、七転び八起き、一か八か<br>⑤漢字で書く習慣のもの　例：一昨日、一休み（ひと休み）、七五三、十二分 |
| 領収書などに使う数字の書き方 | ①1、2、3、10は壱、弐、参、拾を使う。<br>②金額の頭に「金」を書き、金額の最後には「也」を書く。 |

## Exercise 5　次の数字を縦書き領収書に書きなさい

（1）￥3，210，000．−

（2）￥24，310，000．−

| (1) | (2) |
|---|---|
|  |  |

---

**Lesson 9**　印鑑の種類と知識

ビジネスに使う印鑑には次のものがある。

| (1) 印の種類 | 意味 |
|---|---|
| 代表者印<br>（社長印） | 会社の実印。会社の代表者が、本店所在地の法務局に届け出た印鑑で、法務局ではその印鑑について印鑑証明書を発行してくれる。会社が重要な取引をする場合、金融機関から融資を受ける場合、あるいは不動産売買等の場合、商業登記申請などで使われる。 |
| 社印 | 実印よりやや大きめの四角い印鑑で、会社名だけ彫ったはんこ。 |
| 職印 | 役職名入りの印鑑。注文書などの社外文書の他、稟議書など社内文書に押印する。 |

＊実印とは居住地の市区町村長に登録しておき、必要に応じて本人の届け出印であることを証明できる印。

| (2) 業務で使う押印の種類 | 意味 |
|---|---|
| ケイインまたはツナギイン<br>契印 | 契約書など書類が２枚以上になる場合、それが同一の書類であること、一定の順序で綴られていることを明らかにするため、各ページとページの間に押す印。その書類の一部が抜き取られ、入れ替えられることを防ぐ目的がある。下の「割印」の意味で用いられることもある。 |
| ワリイン<br>割印 | ２通以上の独立した文書が同一内容であること、あるいは何らかの関連のある文書であることを明らかにするために押される印。たとえば同じ内容の契約書を当事者が一通ずつ所有する場合、この２通の契約書の間に押印することで、この２通の契約書が同時に作成されたことが明らかになる。 |

| | |
|---|---|
| テイセイイン<br>訂正印 | 文書に記載された字句を訂正したとき、それが当事者の意志に基づいて行われたことを明らかにするために押される印。訂正の言葉は「加入」「抹消」「訂正」などを使う。たとえば2字消して1字書き入れる場合は「2字抹消1字加入」などと表記する。訂正する字数が同じ場合は「訂正」を使う。訂正内容を書いた箇所に訂正印を押す。 |
| ステイン<br>捨て印 | 後でその文書の字句を訂正する必要が生じた場合のため、あらかじめ、文書の欄外に押しておく印。 |
| ケシイン<br>消印 | 契約書に貼付された印紙と契約書面とにまたがってなされる押印。 |

## Exercise 6 　契約書を訂正する

次の契約書の一部を指示のように訂正し、訂正印を書きなさい。

第6条（契約の有効期間）本契約の有効期間は20××年8月14日

より満1年間とする。上記満了の1ヵ月前までに契約条項の変更また

は解約の申し入れが為されない場合は本契約は更に満1ヵ年自動的に

更新されるものとし、以後も同様とする。但し、有効期間中であって

も3ヵ月前の予告をもって、この契約を解約できるものとする。

【訂正の指示】
1行目　8月14日→7月14日
2行目　満1年間→満2年間　上記満了→上記期間満了
4行目　更新されるものとし、以後も同様とする。→更新されるものとする。

## Exercise 7 　往復はがきの返信を書く

次の往復はがきの返信を下記の項目を盛り込んで書きなさい。
　　内容　　出席
　　住所　　103-0028　東京都中央区八重洲1-9-○
　　名前　　東横（株）広報部　島崎義雄

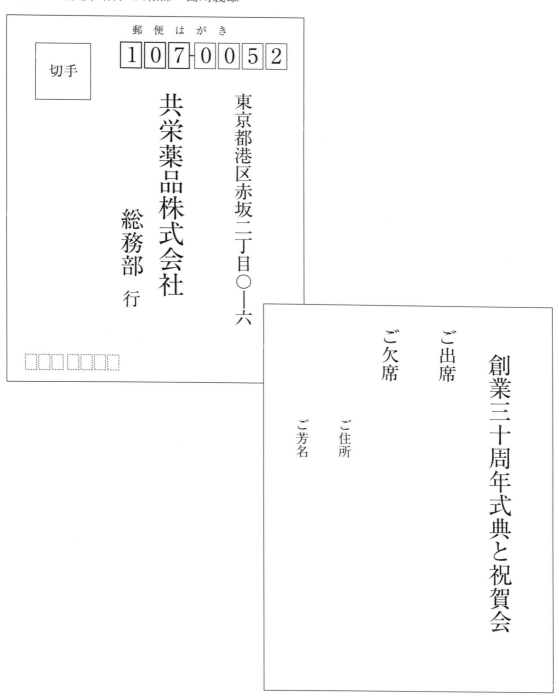

ビジネスメール作成のポイント

| 項目 | ポイント |
|---|---|
| 書式 | ・頭語、前文、結語は省く<br>・最後に署名をいれる |
| 挨拶 | いつもお世話になっております。 |
| 件名 | 具体的につける |
| 読みやすくする | ・短文にする<br>・箇条書きにする |
| 配信 | ＣＣ、ＢＣＣを有効に使う |

## Exercise 8 　メールを作成する

以下のメールの画面に次の内容のメールを作りなさい。

受信者名　　（株）東西広告会社　広報部長　吉岡勇

発信者名　平和印刷（株）営業部　中村百合

内容　　　昨日は忙しいところ会ってもらってありがとう。おかげで広告業界について分かりました。これからもどうぞよろしく。とりあえずお礼します。

| 件名 (U) | |
|---|---|
| | |

# Lesson 11 封筒の書き方

切手

107-×××××

東京都港区○○一丁目一番一号

日本株式会社

総務部長

吉田　武　様

東　横　株　式　会　社
100-0001 東京都中央区八重洲○-9-10
TEL 03-3000-4000 （代）

書き方のポイント

・住所は2行以内に納めるようにする。
・縦書きの場合は数字は漢数字を使う。
・（株）は略字なので、株式会社と表記する。
・宛て名が連名のときは、上位者から書く。それぞれに様をつける。
・裏書きには必ず日付を入れる。
・封はきちんと糊付けする。ステープラーやセロテープは使わない。封字は「封」「〆」「緘」などを書く。

# 第10章
# 受信と発信

## 受信・発信を学ぶ意義

　ビジネス社会ではファックスを含め、多数の文書が往来しています。限られた時間内に受信した文書の内容をすばやく正確に把握・処理し、指示された文書を確実に発送することは秘書の重要な職務の一つです。

## Lesson 1　受信文書の取扱い

### 1）受信文書の流れ

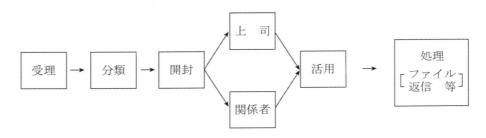

### 2）取扱いのポイント

| 受理 | 手　　順 | ポイント |
|---|---|---|
| 分類 | ・郵便物の表書きが上司宛であることを確かめる。<br><br>①開封してはいけない文書<br>・親展、私信<br>・マル秘文書は上司の許可がない限り開封しない<br>・書留、内容証明、配達証明等の文書の開封は上司の指示による。<br>②すぐに開封する文書<br>・速達文書<br>・一般文書<br>③あとで開封してもよい文書<br>・ダイレクトメール、カタログ、雑誌類 | とりあえず①〜③に分類し、②を先に開封する。③は後回しでもよい。 |
| 開封 | ①急用文書の場合は、他の書類より先に処理をしなければならないこともあるので、速達など、特別取扱いの封書から先に開封する。<br>②開封する際、必要な文房具は机上に出しておく。<br>　（はさみ、ペーパーナイフ、紙クリップ、ステープラー、日付スタンプ、鉛筆など） | ・郵便物は直ちに開封する習慣を身に付ける<br>・限られた時間内に処理しなければならないので、すばやく目を通し、理解する訓練を心がけておく。 |

| | 手　順 | ポイント |
|---|---|---|
| | ③開封しながら概略目を通し、日付スタンプを押す。<br>④開封しながら発信人の住所、氏名、電話番号が手紙に記載してあるか確認する。もし記載していない場合は封筒をステープラーでとめておく。<br>⑤同封書類の有無を確かめ、同封された書類と同封リストを照合し、書類と一緒にクリップまたはステープラーで止める。<br>⑥受信簿に日付、差出人名、社名、件名を記入する | ・特許など、法律関係の文書の場合、消印や日付スタンプの年月日が重要な決め手になった例もあるので封筒の処分には十分留意する。 |
| 上司へ提出 | ①提出する文書・書類を次の4つに分ける。<br>　　a　速達など至急及び重要書類<br>　　b　私信、親展など開封しない封筒<br>　　c　一般の文書<br>　　d　ダイレクトメール、カタログなど<br><br>②返信を必要とする書類や未決書類、相手からの文書の中で指摘している書類があった場合など、上司が返事を書いたり、文書の内容を理解するために必要と思われる書類があれば、添付する。<br><br>③フォルダーの中の書類は重要度に従って上へ上へと重ねておく。<br>④当日の郵便物が他の書類と一緒にならないように上司の机上の正面や目立つ場所に置く。 | ・フォルダーを4つ用意し、それぞれに該当するタイトルを付け、書類をまとめて上司に渡す。こうすると上司はチェックしやすいので仕事の効率が良く、また机の上の書類が散乱しない。<br>・添付する書類にはメモを付け、上司が分かるようにする。<br>・返信を必要とする場合には、ふせんを貼って注意を促すとよい。<br>・返事の期日が限られていたり、締め切り日がある書類の場合、秘書の業務ノート等にその旨を記入しておく。<br>・郵便物は常に一定の場所に置く。 |

## Lesson 2　発信文書の取扱い

### 1）社外文書

| | 手　順 | ポイント |
|---|---|---|
| 署名・捺印 | 必要箇所に捺印する。 | ・一般業務文書は上司の印鑑の捺印だけの場合が多いが、公式文書の場合は社印、役職印を用いる（使用許可が必要）。 |

| | | |
|---|---|---|
| ファイル用コピーをとる | 所定のフォルダーにファイルする。 | |
| 同封物の確認 | 添付書類、同封物がある場合は内容と部数を確認する。 | ・手紙の写しを関係者に送付する場合はその手紙の写しだけにして、同封のものを省略する場合がある。<br>・同封物をクリップでとめて封筒に入れる場合は、クリップの箇所が封筒の切手を貼る部分に当たらないように注意。 |
| 宛て名の確認 | 郵便番号、住所、社名、役職名、氏名をチェックする。 | ・住所録は常に最新のものに改訂しておくようにする。 |
| 切手を貼る | 切手料金に不足がないようにする。 | ・郵便物の種類によって料金が異なるので注意する。 |
| 封入する | 【四つ折り】<br><br>【三つ折り】 | ・封筒のサイズに合わせて折り方を変える。 |
| 封をする | 原則として糊付けする。 | ・ステープラーは不適当。 |
| 発信簿に記入 | | ・発送手段（例：速達、書留など）を記入しておくとよい。 |

## ２）社内文書

|  | 手順 | ポイント |
|---|---|---|
| マル秘文書を持ち運ぶ場合 | 必ず封筒に入れて密封して持ち運ぶ。 |  |
| 回覧及び手渡し文書の場合 | 業務ノートに回覧及び手渡し先を記入しておく。 | ・重要な部分だけでもコピーをとっておくと、急にその書類が必要になったとき、役に立つ。 |

## Lesson 3 | 秘扱い文書のポイント

| 保管の注意 | ・一般の文書と区別する<br>・鍵のかかる保管場所に保管する |
|---|---|
| 取扱の注意 | ・コピーは必要部数だけとる<br>・ミスコピーはシュレッダーにかける<br>・貸し出すときは上司の許可を得る<br>・渡すときは文書受渡簿に受領印をもらう<br>・持ち歩くときは無印の封筒に入れる<br>・離席するときは鍵のかかる引き出しに入れる<br>・配布するときは番号をつけ、配布先を控える |
| 郵送の注意 | ・二重封筒にする（内側の封筒に「秘」の印を押す）<br>・封筒には「親展」、封じ目には封字か封印<br>・簡易書留か書留で送る<br>・郵送したことを受信者に連絡する<br>・文書受渡簿に記録する |

　月曜日の朝、お客様からあなたが先週発送した手紙と価格表及びカタログがまだ届いていないというクレームの電話がありました。お客様は水曜日の午後の会議に使いたいので急いでいるということです。電話の後のあなたの行動をグループで討議して、箇条書きに挙げてみてください。

--------------------------------------------------

--------------------------------------------------

--------------------------------------------------

--------------------------------------------------

--------------------------------------------------

--------------------------------------------------

**Exercise 2** | ケーススタディ　あなたは次のケースのとき、どのような郵送手段を使いますか

CASE１　上司から「これは重要な書類だから」といわれて郵送する時。

--------------------------------------------------

--------------------------------------------------

--------------------------------------------------

--------------------------------------------------

CASE２　同じ手紙を一度に２００通郵送する時。

--------------------------------------------------

--------------------------------------------------

--------------------------------------------------

--------------------------------------------------

# 第11章
# 慶弔

# 慶弔業務・マナーを学ぶ意義

慶事、見舞い及び弔事に関する業務・マナーを学ぶことは、上司の社会的な活動を支援するために必要なことです。なお、この項目は秘書として必要な慶弔業務に限っています。

## Lesson 1　慶事の種類

| | |
|---|---|
| 会社全体 | 1）社屋、店舗、工場などの起工、落成、開設・開業などの祝賀行事<br>2）創立（創業）記念行事 |
| 特定の個人 | 3）昇進、就任、栄転など。就任披露パーティを催す場合もある。<br>4）叙勲、受賞（章）、*賀寿など。祝賀会を催す場合もある。<br>5）結婚、出産、入学、卒業、就職など。 |

（注）賀寿　長寿の祝い　主なものは以下のとおりである。

| 年齢 | 61歳<br>（数え年） | 70歳 | 77歳 | 80歳 | 88歳 | 90歳 | 99歳 | 100歳 |
|---|---|---|---|---|---|---|---|---|
| 呼び方 | 還暦 | 古稀or古希 | 喜寿 | 傘寿 | 米寿 | 卒寿 | 白寿 | 百寿、百賀、紀寿 |

## Lesson 2　慶事の知らせを受けたときの秘書の心得

| 本人（秘書）から通知を受けた場合 |
| :---: |

↓　　　　　　　↓

| 祝賀会等に招待される場合 | 祝賀会等は行わない場合 |
| :--- | :--- |

↓ 上司に相談　　　　↓ 上司に相談

| 出欠の返事をする | 祝電または祝い状、必要に応じて贈り物を送る |
| :--- | :--- |

(p.113 参照)

↓ 上司に相談

| 贈り物または祝儀を準備 |
| :--- |

↓

・贈り物は早めに送る。
・上司が当日持参するもの。
祝儀袋、名刺、必要なら招待状及び封筒

| 慶事の情報を得た場合 |
| :---: |

・叙勲、褒章の場合
一週間前に新聞で発表される
叙勲…春4/29、秋11/3
褒章…春4/29前後、秋11/3前後
・昇進、就任の場合
春に多いが会社によって発表の時期が違うので新聞の人事通信を注意する

↓

| 情報を確認する…本人にではなく、所属する会社の人事もしくは総務に確認する方がよい |
| :--- |

↓ 情報が正しかったら

| 上司に報告し、指示を仰ぐ |
| :--- |

↓

| 祝電または祝い状、必要に応じて贈り物を送る |
| :--- |

## Lesson 3　慶弔時の服装

| 慶事の服装 | 相手に対する敬意を表す服装にする。結婚式に招かれて、受付の後出席する場合は別として、お手伝いとして出席する場合は控えめなワンピースやスーツなど準礼服が適当である。 |
| :--- | :--- |
| 弔事の服装 | ・故人に対する敬意を表し、喪に服する服装にする。<br>・遺族や近親者など主催者側の場合は正式な喪服を着用する。<br>・一般会葬者は故人や遺族との関係によって正式、または略式どちらでもよい。<br>　例：男性…ブラックスーツまたはダークスーツ、ネクタイと靴下は黒、ワイシャツは白無地<br>　女性…光沢のない黒のワンピースまたはスーツ、靴・ハンドバックは光らない黒。アクセサリーは本来身に着けないが、真珠のネックレスは可。<br>・最近は通夜でも喪服を着る人が多いが、通夜は取るものもとりあえず駆けつける場合が多いので、ダークな色の華美ではない服装ならよいとされている。 |

## Lesson 4　弔事の流れ

| | |
|---|---|
| 通夜<br>↓ | ・死者を葬る前に夜を徹して遺体を守り、故人に別れを告げること。最近では告別式当日に都合がつかない人が通夜に弔問することも多い。<br>・冬季…午後6～8時頃　　夏期…午後7～9時頃<br>・仏式—通夜　神式—通夜祭、遷夜祭、キリスト教—前夜式、通夜 |
| 葬儀・告別式<br>↓ | ・葬儀は親族及び親しい友人が故人の冥福を祈り葬う儀式。<br>・告別式は一般会葬者が故人と最後の別れを告げる儀式。<br>・最近では一般的に葬儀に引き続いて告別式を行っている。 |
| 火葬<br>↓ | 葬儀・告別式の後には親族や近親者が火葬場に向かう（野辺送り）。火葬場では火葬が終わると、参列者は遺骨を骨壺に移す「骨あげ」を行う。 |
| 納骨 | 遺骨を菩提寺の墓や霊園の墓に納めること。骨あげをしたら墓地に直行する場合と、三十五日か四十九日、あるいは百か日の法要の時に納骨する場合とさまざまである。 |

### (1) 訃報に接したら
①上司に相談し、弔電を打つ。
②取引先への連絡をどうするかは、上司と相談して決める。
③電話での長々とした弔問は控える。

### (2) 通夜の弔問の心得
①通夜前の弔問は玄関先で失礼してもよい。
②お悔やみの言葉は簡潔に言う。お辞儀は丁寧に最敬礼する。
　　例：「このたびは誠に残念なことでございます。心からお悔やみ申し上げます」
　　　　「このたびはご愁傷さまでございます」
③遺体との対面は自分から申し出てはならない。遺族に言われたときだけにする。
　　例：「それではお別れさせていただきます」
④通夜の席順は遺体に向かって右側が遺族、左側が弔問客。
⑤焼香の後、通夜ぶるまいの酒席に誘われたら、控えめにいただき、退室する。

### (3) 葬儀・告別式の参列の心得
①仏式と神式とキリスト教では式次第が異なる。
②受付では深くお辞儀し、お悔やみの言葉を述べ、香典はふくさから出して相手側に向けて差し出す。
③焼香する。
④当日は、遺族は忙しいのでわざわざお悔やみを述べに行く必要はない。
⑤会葬者は焼香が終わってもしばらく待ち、棺を見送るのが常識。

## Lesson 5 ｜ 焼香の仕方・線香のあげ方

### 1）焼香の仕方

**（1）立礼での焼香**

①数珠がある場合は数珠を左手に持ち、遺族、関係者に礼をする。

②焼香台の手前で遺影に一礼して香をつまむ。

③抹香は親指、人さし指、中指の3本でつまみ、おじぎをする形で目の高さに押しいただく。

④そのまま香炉に静かにまくように落とす。

⑤遺影を見つめ、合掌。終わったら、3、4歩下がって関係者に礼をして自席に戻る。

**（2）座礼での焼香**

①祭壇の手前で遺族や関係者に礼をする。

②両手を軽く握って畳につき腕を支えにして祭壇前ににじりよる。

③焼香台の前で一礼して軽く手を合わせてから香をつまむ（立礼と同じ）

④最後に合掌し、にじって下がり、遺族、関係者に礼をして自席に戻る。

### 2）線香のあげ方

葬儀・告別式以外の弔問の場合は、線香をあげてから合掌する。

①線香を1本取り、ろうそくの火を移す。

②線香に火がついたら左手で静かにあおぎ消す。口で吹き消さないこと。

③香炉に線香を立てるときは他の線香と離して。

④合掌して一礼した後、両手をついたまま座を下がる。

祝儀袋・不祝儀袋のポイント

| (1) 現金を送る袋 | 慶事…祝儀袋、弔事…不祝儀袋 |
|---|---|
| (2) 水引（みずひき） | ①結び切り…結婚祝い、弔事、災害見舞いなどに用いる。「一度でとめる」意味で結んで切る意味がある。<br>②あわび結び…同上<br>③蝶結び……一般的に慶事に用いる。<br>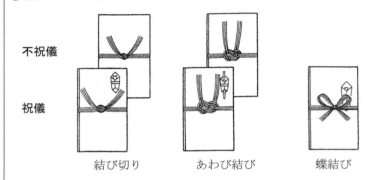<br>　　結び切り　　　　あわび結び　　　　蝶結び |
| (3) 上書き | ①表書きともいう。<br>②上段中央に上書きの用語を書き、下段中央に贈り主の名前などを書く。名前はフルネームで書くこと。<br>③贈り主が複数の場合は、目上から順に右から書く。しかし、宛て名を書いたときは左から順に書く。<br>④慶事には右上にのしをつける。<br>⑤弔事の上書きは薄墨で書く。 |

Lesson 7　祝儀・不祝儀袋の上書きと水引

|  | 出来事 | 上書きの用語 | 水引の結び方 |
|---|---|---|---|
| 慶事 | 結婚 | 寿 | 金銀や紅白などの結び切りまたはあわび結び |
| | 出産 | 出産御祝 | 紅白などの蝶結び |
| | 賀寿 | 寿、○○御祝い | 〃 |
| | 昇進・栄転 | 昇進御祝、御祝 | 〃 |
| | 落成、開業 | 落成御祝、開業御祝 | 〃 |
| | 叙勲、褒章 | ○○御祝、御祝 | 〃 |
| | 転勤 | 御餞別 | 〃 |

| 見舞い | 病気、災害、事故等の見舞い | 御見舞い | | | 不要。白無地にする |
|---|---|---|---|---|---|
| 弔事 | 仏式 | 御香典、御香料、御仏前（四十九日より後）御供物料（法要のとき）御玉串料、御榊料　御花料、御ミサ料（カトリック） | 共通 | 御霊前 | 黒白または銀一色などの結び切り、またはあわび結び |
| | 神式　キリスト教 | | | | |
| 返礼 | 慶事 | 寿、内祝 | | | 紅白（水引の結び方はその目的に合わせる） |
| | 弔事 | 志、忌明、満中陰志、粗供養 | | | 黒白の結び切り |

※弔事の返礼（香典返し）には、それに対する礼状は出さない。
　水引は目的によって色を使い分ける。濃い方の色（例：金、赤、黒など）を右側にして結ぶ。

## Lesson 8　袱紗（ふくさ）

(1)ふくさの包み方

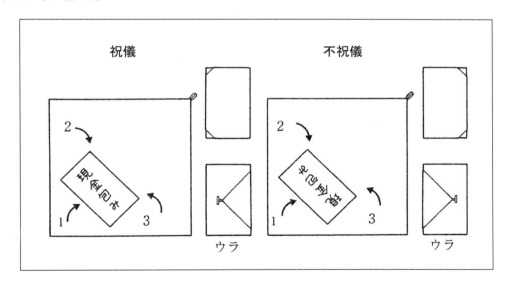

(2)ふくさの色
　慶事…赤（えんじ）、紫、紺、濃緑
　弔事…紫
※台付きふくさの慶弔兼用のものは、慶弔に応じて台の表裏を間違えないようにする。

## Lesson 9 | 弔事を手伝う時の心得

・職場の仲間、あるいは近親者が亡くなった時は、一般的には職場として手伝いを申し出る。
・手伝いの申し出は通夜の前にするのが親切。
・どんな手伝いをするかは葬儀の世話役の指示に従う。一般的には受付、道順案内、誘導その他である。

### Exercise 1 | グループディスカッション　弔事の受付の手伝いをする場合の心得

　弔事の受付の手伝いをする場合は服装や言葉遣いも含めてどんなことに注意したらよいでしょう。
　グループでディスカッションをして、以下に書きなさい。

------------------------------------------------

------------------------------------------------

------------------------------------------------

------------------------------------------------

------------------------------------------------

## 参考文献

武田秀子著「秘書新論」中央経済社

岡田小夜子著「心のこもったビジネス文書の書き方」中央経済社

湯浅喜美子・武田秀子・岡田小夜子著「ビジネスゲーム　仕事の基本、職場のルール」ＰＨＰ研究所

湯浅喜美子・武田秀子・北村律子・岡田小夜子著「女子社員教育実践マニュアル」日本能率協会

倉谷好郎・小松崎清介・高原康彦・宇賀神博・藤川博巳著「ＯＡシステム概論」オーム社

粂井高雄編著「手にとるようにパソコンのことがわかる本」かんき出版

文化庁編「敬語」大蔵省印刷局

関西経営者協会編「接遇訓練コースマニュアル」

「最新情報・用語辞典データパル」小学館

古山隆著「印鑑“これだけ”法律常識」日本実業出版社

田中久子著「フレッシュＯＬの基本知識」文化出版局

日本産業訓練協会「会議指導法」

板坂元著「紳士の作法」ＰＨＰ研究所

寺西千代子著「国際ビジネスのためのプロトコール」有斐閣ビジネス

田中四郎著「ビジネスマンのサクセスマナー」永岡書店

R. I. Anderson, Ed. D., 他3名　"The Administrative Secretary, Second Edition" Gregg Div., McGraw-Hill Book Co.

L. Doris ＆B.M. Miller "Complete Secretary's Handbook" Pentice-Hall, INC. N. J. U.S.A

Tilton, Jackson, Popham "Secretarial Procedures and Administration" South-Western Publishing Co.

**著者略歴**

武田秀子（たけだひでこ）
たけだ総合コミュニケーションセンター代表。東京ＹＷＣＡ秘書養成科卒、米国サウスウエスタン大学（現ローズ大学）経済学部経営学科修。（株）ＲＣＡ研究所秘書、一橋大学商学部フルブライト交換教授秘書、住友スリーエム（株）役員付秘書、同社能力開発部主任、高崎商科大学短期大学部教授を経て現職。
【主な著書】
「女子社員教育実践マニュアル」（共著）日本能率協会、「ビジネスマナーゲーム・言葉づかい」（共著）ＰＨＰ研究所、「教材　仕事の基本・職場のルール」（共著）ＰＨＰ研究所、「秘書実務」（部分執筆）中央経済社、「秘書新論」中央経済社、「ビジネスプレゼンテーション」（共著）実教出版、「グループワークで学ぶオフィス実務」西文社、ほかに秘書関連論文多数。

岡田小夜子（おかださよこ）
大妻女子大学短期大学部教授。早稲田大学教育学部卒業・拓殖大学大学院修了。日本ＨＲ協会で女子社員教育教材の編集・執筆に携わる。高崎商科大学短期大学部教授、福島学院大学短期大学部教授を経て、2011年より現職。
【主な著書】
「ビジネスマナー１分間レッスン」（東洋経済新報社）、「手紙を極める」（中央経済社）、「言葉づかいハンドブック」（ＰＨＰ研究所）、「コミュニケーション仕事術」（日本能率協会マネジメントセンター）ほか多数。

**秘書・オフィス実務テキストワークブック　改訂版**

2016年２月20日　　改訂初版発行

著　者　武田秀子／岡田小夜子
発行者　笹森哲夫
発行所　早稲田教育出版
　　　　〒169-0075　東京都新宿区高田馬場一丁目4番15号
　　　　株式会社早稲田ビジネスサービス
　　　　電話（03）3209-6201

落丁・乱丁本はお取り替えいたします。